生命,因**閱讀**而**大好**

你不必對抗全世界，為自己撐把保護傘就好

34個保護自己的心理法則，
培養內在韌性，破除糾結小劇場

吳秀香 오수향——著
李煥然——譯

好好撐過今天，不疲倦地向前邁進

生活中，我們往往會經歷各式各樣的事件。有時會在人際關係中遭遇困難；有時會被迫承受離別的痛苦；有時則因為沒能達成期望目標而感到挫折；有時又因為意想不到的狀況而灰心喪志，甚至自暴自棄。當前新冠肺炎肆虐各地，人際關係、業務與學習型態都發生了變化，也許是無法好好工作，而出現經濟困難；也許是待在家中時間拉長了，心裡感到憂鬱又煩悶，實在是一段非常艱難的時期。況且這是我們未曾經歷過的狀況，所以無論是在職場上或家庭裡，我們都難以梳理好自己的情感。

這波全球性疫情帶來的不確定感不知何時能結束，這個事實讓我們感到更加不安。然而，在同樣困難與艱辛的處境下，有些人在情感上卻絲毫沒有動搖，默默地完成自己的工作——他們的祕訣究竟是什麼呢？難道他們接受過情感訓練嗎？

善於調節情感、心理不輕易崩潰的能力，無疑是在這世上活下去的強大支柱；堅強的心理狀態，也是幫助我們探索美好生活不可或缺的資產。

每每在演講結束後，會有許多人來找我，要求提供心理諮商和輔導。遇到這種狀況，我都會給這些身心受到各種折磨的人們一點建議，通常他們接收到訊息後，會表示自己燃起了重新活下去的希望和夢想，並對我表達謝意。因此，我一直想收集這些經驗，寫成一本足以保護自己的書，來講述如何培養往前邁進的內心力量。

我最大的優點就是擁有很高的逆境商數。在我還非常年幼的時候，母親每天早上都會把我與另外兩位手足叫過來坐下，然後對我們說：「今天的天氣也很晴朗，是不是很棒？來吧，今天也要開開心心的，加油！」我們就這樣一邊高喊著口號，一邊拉開一天的序幕。有時我們想忽略口號，但每次遇到這種情況時，母親就會高喊著：「媽媽不需要你們成為很有名、賺很多錢的人，只希望你們能夠開開心心、幸福地生活下去。只要說出來，願望就會實現哦！」有時候，她也會在睡前問我們：「媽媽能賺錢讓你們讀書、吃飯，真的非常感謝。你們今天有什麼值得感謝的事物嗎？」

當時認為這是一件麻煩又無聊的事，但如今回想起來，我能成為擁有高度逆境商數的人，也許就出自母親總是正向面對生活的教養態度。我也因此開始學習心理溝通，研究如何將這種足以克服逆境的方法變得更簡單、更有效地傳達給其他人。

本書中，我將自己演講後最常聽到的諮商煩惱分為「培養自尊感」、「建立自我認同感」、「打開人際關係」、「提升成果」、「克服難關」、「提升魅力」、「守護健康」七個主題，並結合一些心理法則提供給各位讀者，當你在生活中感到艱困時，就可以參考取用。

回想我的二〇一九年，整年演講超過三百次以上，到了二〇二〇年，預定好的演講行程卻接連取消，這也讓我面臨了前所未見的困難。儘管截然不同的處境讓人感到疲憊，不過我依舊正視現實，努力堅持下去，因為這就是足以通往明天的方法。

當一扇幸福的門關上時，另一扇門就會打開；但我們往往對這扇關起來的門觀望過久，導致看不見那扇為我們敞開的大門。

——海倫・凱勒（Helen Keller）

當你感到疲憊時，希望你能找到另一扇敞開的大門，而不是執著於關起來的那扇門。我們需要努力轉移被不幸綁架的視線，無論身處多麼艱難的處境，唯有活下去，才能收穫美好的明天。在面對離別、憂鬱感、孤獨感、空虛感、挫折感等讓人飽受折磨的情感時，希望這本書可以成為你堅固的盾牌、雨天的保護傘。願各位都能巧妙地克服此刻的困境，當自己人生裡的主角，邁向比今天更美好的明天！

——心理對話法專家　吳秀香

CONTENTS 目錄

Chapter 1 學著在每個當下愛惜自己——培養自尊的心理學

Chapter 2 不再沒來由地質疑自己——建立自我認同感的心理學

Chapter 3 適時放下單方面的想法——打開人際關係的心理學

Chapter 4 就從微小的改變開始——提升成果的心理學

Chapter 5

試著更務實地面對現況——克服難關的心理學

Chapter 7

誠實地與自己好好相處——守護健康的心理學

Chapter 1

學著在每個當下愛惜自己——培養自尊的心理學

被一些人討厭也無所謂，
不再勉強自己當個善良的人。

總是不敢開口
對別人說出不中聽的話

Self-Protection

法則／01

乖寶寶情結

這是一種為了從他人那裡獲得「乖巧」的回饋，在說話與行動時反覆壓抑渴望與期待的心理傾向。

A是一位年近三十歲的上班族，我在○○市主辦的演講結束後，她跑來找我。一眼就能看出她是那種有禮貌又很文靜的類型，而她的煩惱是戀愛問題。從大學到現在，她總共交過五任男友，但都持續不久，很快就分手了。她嘆了一口氣說：

「我一向對男友很好，從沒對他們說過什麼難聽的話，但他們都只會利用我，用完就把我拋棄了。不知道為什麼我遇到的人都是這副德性，我也想談一場穩定的戀愛啊，卻總是擔心能否如願以償。」

在說明故事原委時，我們往往會越說越生氣，這是很正常的情況，但她並沒有這樣，只是心平靜氣地娓娓道來。當聊的內容是不怎麼愉快的內心話時，我們通常會有皺眉頭等看起來比較陰鬱的表情，這是自然而然的反應，但她並沒有這樣，反而在話音落下之際，就露出微笑。於是我給了她以下建議：

「妳說妳從沒對男友說過難聽的話，這聽起來不太尋常。一般來說，談戀愛彼此打開是很自然的事，當然也有打從一開始就很糟糕的人，但通常兩人是在對話的過程中互相磨合；唯有如此，才能真正了解彼此，戀愛才有辦法長久維繫。兩人成為情侶後，對彼此的期望往往會越來越多，而對伴侶產生不滿，並希望對方能夠改善缺點——這些感受都必須及時表達出來，進而獲得對方的回饋，我認為這才是所謂的正常戀愛。」

經過長時間的諮商後，我評估她就是所謂的乖寶寶情結（Good Boy Syndrome）。

這是一種為了從他人那裡獲得「乖巧」的回饋，在說話與行動時反覆壓抑渴望與期待的心理傾向。

這種情結通常出現在父母家教嚴格的人們身上，從小到大他們受到的教育，就是要做出符合期待的行為。「爸媽說的話都是對的，都是為我著想；順從他們才是好孩子，否則就是壞孩子。所以不管發生什麼事，我都應該走在乖巧的道路上。」像這樣的思維，根深蒂固地存在於他們的潛意識中。

事實上，A的父母都是小學老師，就是屬於容易以高壓態度對他人發號施令的類型。當一個孩子持續接受「唯有遵守規則才是乖寶寶」的教育，往往就會逐漸否定自己內在的聲音。即使有想做的事情，或想向父母提出的請求，他也會隱藏自己的真實情感，按照父母的期望來行動。換句話說，為了聽到別人稱讚自己是「乖寶寶」，他們總是在生活中壓抑自己的渴望。然而問題在於，這些孩子到哪都是這樣小心翼翼地採取行動，這種習慣會延續到長大成人，最終成為不敢對別人說句難聽話的那種大人。

前來尋求諮商的A，在雙親都是教育工作者的家庭長大，成長過程中承受著必須當「乖寶寶」的壓迫感；延續至成年後，導致在與異性交往時，為了讓自己看起來像個「乖寶寶」，往往沒辦法如實地將自己的渴望表達出來。

其實，很多人都具有乖寶寶情結，但讓人訝異的是，這些人多半都不認為無法對別人說出難聽話是不尋常的事。因為對他們來說，表現得乖巧才是理所當然的。

心理學小教室

診斷一下！你是否也有乖寶寶情結？

下列這些項目，如果符合四個以上，就稱得上具有乖寶寶情結。

□你會試圖獲得所有人的喜愛

□你屬於無法拒絕別人請求的類型

□你覺得如果不配合別人，就可能會被拋棄

□你害怕傷害到別人的情感，所以往往不敢表達自己的意見

□你就算心裡受了傷，也常常假裝沒這回事
□你害怕給別人帶來負擔，所以經常不敢拜託別人

假設你過馬路時，有人撞到你，此時你是否會下意識地說出「對不起」呢？嚴格來說，撞到你的人應該要道歉才對，但是具有乖寶寶情結的人，不會去計較因果關係，而是會選擇先道歉再說。

此外，不管別人的要求多麼不合理，乖寶寶情結的人也沒辦法拒絕；或是終日看著別人的臉色，為了不傷害他人情感而過度努力。他們難以鼓起勇氣發表自己的意見，工作上也不太敢尋求別人的幫助，同時又總是用開朗的表情來偽裝自己。

一個內心住著「乖寶寶」的人，可以擁有正常的社會生活嗎？表面上看起來，他們像是充滿活力又溫柔和善的人，但他們內心卻有很高的機率會陷入憂鬱症、自我貶低或精神萎靡的狀態，因為生活中不可能完全滿足

當乖寶寶的欲求。情況嚴重時，即使只是稍有閃失他們也會感到不可挽回，而被這樣的絕望感綁架，內心長期飽受折磨。

很多人會努力讓自己成為善良的人，這絕非什麼壞事；問題在於，就算最後無法成為他人眼中的「乖寶寶」，也沒必要感到憂鬱或陷入痛苦中。甚至有些人為了當個善良的人，不惜犧牲自己去顧慮別人。

天主教靈性心理諮商所所長、神父洪成南曾說：「為了讓心靈更健康，我們應該要停止假裝善良。」這是他在輔導無數人的過程中，體悟到最好的一種心理治療法。他說，按照他人期待而「決定」的幸福，只不過是個空殼，我們應該要主動尋找讓自己獲得幸福的方法。

「停止假裝善良並不意味著不顧慮對方。明確地將自己的想法表達出來，並且用不會造成傷害的方法來對待對方，這才是所謂的善良。」

如果想建立堅強的自我、準確地向別人傳達自己的意見，就應該毫不留戀地捨棄內心的「乖寶寶」，沒必要為了別人而努力當個好人。從現在開始，被一些人討厭也無所謂，我們不要再勉強自己當個善良的人了！

一直覺得
自己看起來很醜陋

Self-Protection

法則／02

完美主義

這是一種在努力達成目標時，試圖追求完美無瑕的態度。

B是一位名校法律系的畢業生，在我演講完後來找我訴說煩惱。他說畢業這一年來，長期準備的考試已經落榜三次了，雖然與及格分數相差不遠，繼續堅持下去，通過考試並非難事。即便如此，他還是罹患了嚴重的憂鬱症。

「中學時期我從沒錯過第一名，但進入大學後，比我優秀的人太多了，還有朋友一畢業就考上公務員。我原先的目標是大學畢業的同時也能通過考試，可是這一切已經泡湯了，這讓我走在路上完全抬不起頭。」

B的父親是畢業於同一所名校的法官，母親則是醫師。父親在學期間就考上司法官，母親也以第一名的身分通過醫師考試；在這種父母身邊長大的他，產生了如果不完美就毫無意義的觀念。

因為沒達成他自己設立的第一個目標，所以覺得自己實在太沒用了，也不敢接受失敗的事實，進而喪失重新挑戰的動力，甚至也失去了對生活的渴望。於是我對他說：

「你已經被完美主義綁架了。一旦陷入完美主義，除非達到結果，否則你會對每一段過程都賦予過度的意義，認為只要不完美就毫無價值，結果往往會放大檢視自己的不足，因而經常感到不安。」

不少人都像這樣，明明客觀來看就是很有能力的人，卻總是感到沉重負擔，內心承受著巨大壓力，這就叫做完美主義（Perfectionism）。**這是一種在努力達成目標時，試圖追求完美無瑕的態度。**

有些人認為過度的完美主義是一種疾病，不能坐視不管。乍看下完美主義似乎是正面的性格傾向，但如果過度了就存在著以下弊病。

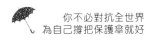

心理學小教室

沒那麼「完美」！完美主義的弊病

❶ 完美主義會讓人制定出不合理的目標，並且不擇手段達成它
❷ 完美主義會讓人沒辦法容忍自己的不足和失誤
❸ 完美主義會以滿足他人的期待為目標，進而喪失自我
❹ 完美主義會消耗寶貴的時間和能量
❺ 完美主義可能會引起不安、憂鬱症與壓力
❻ 終極的完美主義往往會引發倦怠

我曾一度躋身所謂「億萬講師」的行列，每週行程滿檔，在全國各地都安排了講座；但凡有需要我的地方，不管在何處，我都會火速前往，滿腔熱血地開講。在這些講座中，我得到了來自公務員、企業家、大學生等各種職業別聽眾的掌聲與喝采，使我更有動力認真講課，帳戶也跟著累積

了不少存款。此時的我，已經不會特別羨慕醫生和大企業的高階主管了，但我卻無法完全擺脫自卑心理，尤其依然欽羨那些畢業於名校、知名度比自己還高的演講者。

貶低自己的想法往往不會輕易消失。即使隨著時間過去，我也慢慢打開了知名度，但與知名演講者的比較，卻使我的能量逐漸枯竭。就在此時，我看到了作家安・韋爾森・雪佛（Anne Wilson Schaef）的名言：

「完美主義是自虐的最高境界。」

這句話精準道出了我內心的困境，彷彿當頭棒喝。即使我如願成了廣受愛戴的講師，卻始終受到完美主義的束縛，腦海中浮現的都是那些自己不具備的條件。在這種情況下反覆自虐，理所當然地，能量不僅沒辦法補充，還會不斷往外洩漏。

在這之後，我決定果斷捨棄那些無法實現的目標，第一個試圖擺脫的，就是對於名校的執念。雖然不太容易，但我漸漸地能夠打從心底喜愛不是名校畢業、卻成功躋身知名講師行列的自己。從最在意的事物中脫身後，也逐漸學會擺脫外貌等其他的自卑心理。

現在，我已經不再對自己施展完美主義的魔咒了，因為根本沒理由非要保持完美不可；取而代之的是，我學會接納完整的自己。

你認為自己毫無價值嗎？你覺得自己看起來像個「魯蛇」嗎？你認為自己沒有被愛的資格嗎？你之所以會產生這樣的想法，不是因為這些是事實，而是你已經掉入完美主義的陷阱。只要清除完美主義的妄想，就能夠發現那個燦爛耀眼的自己。

認為自己的成功
是靠運氣得來的

Self-Protection

法則／03

冒牌者症候群

這是一種把自己的成功歸就於運氣，而不是努力或實力的心理狀態；總是擔心自己的實力會穿幫，如同冒牌者的身分被拆穿一樣。

「你問我有可以和別人一較高下的特長嗎？我固然有點實力，但運氣似乎也特別好。」

「我配得上我所取得的成功嗎？」

「別人都說，我會成功與其說是靠實力，不如說是靠外貌；從某個層面來講，好像是這樣沒錯……。」

即使女性與男性能力相同，社會上還是常常以男性為優先，在這種處境下憑著過人意志與努力獲得成功的少數女性，往往難以全盤接納自己的成就。因為類似的例子不多，她們很難認為自己的成功是理所當然的，反而覺得是運氣好，所以才獲得成功。

像這樣貶低自己的努力，心態上就好像詐欺犯一樣，擔心自己「欺騙」他人的事蹟會敗露，因此總是很在意別人的眼光。當然，部分男性也會這樣，但情況相對少，原因在於這通常出現在社會中的少數群體獲得成功時才會經歷的典型心態，這種症狀就叫做**冒牌者症候群**（Imposter

Syndrome）。

這是一種把自己的成功歸就於運氣，而不是努力或實力的心理狀態；總是擔心自己的實力會穿幫，如同冒牌者的身分被拆穿一樣。

一九七八年，美國喬治亞州立大學心理學家波林・克蘭斯（Pauline Clance）與蘇珊・因墨斯（Suzanne Imes）首次使用這個名詞。

冒牌者症候群的部分症狀也曾出現在我身上。我應邀前往演講的企業講座裡，有不少專業傑出的男性講師們從中脫穎而出，這激發了我的好勝心。為了證明自己不是一個不夠格的講師，我投入兩、三倍的精力準備，犧牲睡眠時間無數次地練習演講內容。經過這番努力後，我的演講口碑終於傳開來，包含三星、LG、SK、現代、樂天等韓國十大企業在內，全國各地都有邀約。然而詭異的是，儘管事業蒸蒸日上，我一個人獨處時，內心卻會湧上不安的想法。

「我真的是憑藉自己的力量爬到這個位置嗎？難道不是純粹運氣好？大家是否會看穿我真實的模樣，注意到我正在為了彌補自己的不足而費盡心力呢？」

過了一段時日後，我才意識到自己患有「冒牌者症候群」。不只是我個人，周圍許多女性也都曾出現類似症狀。這並非單獨發生在我身上的特殊問題，而是身為社會上的少數群體普遍會產生的心理狀態。

克蘭斯說，冒牌者症候群是一種常見的心理狀態，與性別、種族、年齡或職業類別無關。他也提到，患有冒牌者症候群的人們，往往會把自己的成就視為任何人都能達成的事蹟。

「根據研究結果顯示，有百分之七十以上的人，一輩子至少會經歷一次以上的冒牌者症候群；地位越高的人，其頻率就越高。」

有一位出身美國芝加哥勞工家庭的黑人女性，無視眾人對黑人和女性抱持的歧視與偏見，拚命讀書考進了普林斯頓大學。雖然人們都質疑她的能力，認為她是運氣好才考上名校，但她依然努力地投入學業，後來還考進哈佛大學法學院，成為一名成功的律師。她就是蜜雪兒．歐巴馬（Michelle LaVaughn Robinson Obama），這樣的她，也坦言身為一名黑人女性，曾經歷過冒牌者症候群。

「由於社會上的人們說『妳不可以待在那個位置』，因此女性們經常會產生冒牌者症候群。但是我們需要女性，以及擁有不同想法、不同宗教信仰的人們；因為真實與正確答案，往往源自多元的經驗。」

除此之外，知名的跨國女性企業家與女演員們，也都坦言曾因冒牌者症候群而飽受折磨。Facebook首席營運長雪柔．桑德伯格（Sheryl

Sandberg）就曾說過：

「每當我把事情做得越好，我就越覺得自己很無能；而且我總覺得，隨著時間流逝，大家似乎就會發現我是無能的。」

娜塔莉・波曼（Natalie Portman）是一位能力出眾的演員，甚至還能駕馭六國語言，這樣的她，也曾在二〇一五年的哈佛大學畢業典禮上坦言：

「今天，我的心情就如同一九九九年以哈佛新鮮人來到校園時的感覺。我認為這肯定是哪裡出錯了！我的聰明才智並不足以成為這裡的一員。此後，每當我開口，我都必須證明『我不只是一個愚蠢的女演員』，為此我花了許多時間、做了非常多的努力。甚至，刻意只選修神經生物學和高級希伯來文學這種艱深的課程……。我認為自己是因為名氣才得以入學的。」

我們無法完全掌握他人的情緒，然而具有冒牌者症候群的人因為沉浸在自己毫無根據的不安感中，往往認為其他人不會像自己一樣惴惴不安。換句話說，他們認為別人不會有這種不安感，在各方面又表現得相當優秀，與籠罩在不安感中的自己不同，這種現象在心理學上稱為「多數無知」（Pluralistic Ignorance）。

一旦產生冒牌者症候群，就會陷入一種自己欺騙了所有人的錯覺，認為自己根本沒達到某種程度的能力，進而焦慮地在意其他人的看法。越認真努力、能力越出色的人，越是容易懷疑自己的能力值，這真是一件不可思議的事。既然如此，如果我們想要相信自己、擺脫冒牌者症候群，應該怎麼做才好呢？

目前尚未有明確的方法能夠治療冒牌者症候群，不過根據心理學家哈羅德．希爾曼（Harold Hillman）表示，重要的是去承認自己具有冒牌者症候群的感受，並且愛惜、接納真實的自己。

心理學小教室

如何緩解冒牌者症候群的感受呢？

❶ **承認具有冒牌者症候群的感受**：畢竟是有能力的人，要承認自己正在經歷冒牌者症候群的狀況，可能有點難度並會感到羞恥；不過，鼓起勇氣接納當下的狀態，正是治療的開端。如果你一天到晚惶惶不安，總得處理完所有工作才放心，即使事情一切順遂，還是會對自己產生不信任感，就有必要懷疑是否患有冒牌者症候群。

❷ **與擁有類似經驗的人見面**：與其一個人抱頭苦思，不如公開跟大家談談自己的感受。

❸ **每天記錄自己的成果**：至今取得的所有成就，其決定性的原動力都是源於自己。只要每天記錄並檢視自己的努力，就會對自己的成果產生信心。

❹ **愛惜此時此刻真實的自我**：即便現有的成果崩塌幻滅，你依然是你自己。隨時把自己放在中心，養成在當下好好愛惜自己的習慣。

以我個人的經驗來說，我在與擁有類似經驗的女性們坦誠交流後，毫無根據的不安感就會消失，取而代之的是安慰。此刻自己所享有的一切，並不是因為有人幫了自己一把，或是天時地利下偶然促成的；成功，是因為有自己的存在才能獲得的，是由你親手創造出來的。

因為失敗的經驗
而無法振作

Self-Protection

法則／04

牆上蒼蠅效應

這是一種只要用客觀的第三者視角來看待
失敗和挫折，就能保持超然態度的主張。

B是一位三十幾歲的社會人士，這一年來他向許多公司投遞求職履歷，卻沒有收到任何一家的面試通知。他畢業於首爾地區一流大學的經營學系，持有各式各樣的專業證照，但不知從何時開始，他連書面審核通過的電話也接不到。

他在大學時期為了追逐夢想，挑戰註冊會計師的考試，從大一開始就將全部精力傾注在準備考試上。結果沒考上，還使他很晚才開始投入就業市場。

「如果不要追逐什麼夢想，而是打從一開始就專心參加企業入職考試的話，我現在早就成為一個穩定的上班族了。」每當悔恨猛然襲來時，他就感到十分喪氣，覺得自己是一名「魯蛇」，渾身都提不起勁，成天與酒為伴。

雖然他每天都到住家附近的圖書館報到，但是因為倦怠無力，總是沒辦法好好專心讀書。「就算繼續準備求職，大概也不會有地方願意接納超過三十歲的自己」，這樣的恐懼正朝著他而來。

「我逐漸失去了動力，開始討厭我自己，眼前一片黑漆漆。因為有失敗的經驗，所以我做任何事都提不起勇氣。」

年過二十五歲的E，這一年多來從未踏出家門一步。她從四年制大學的人文學系畢業後，這三、四年間一邊學習各種知識，一邊應徵了無數家公司，卻只獲得過幾次面試機會而已。隨著失敗的經驗逐漸增加，她的挫折感也越來越巨大，最後成了一個整天待在家的繭居族宅女。雖然在房間玩電腦的時候能夠忘卻痛苦，但在遊戲以外的時間，她還是會想起難以忍受、令人絕望的現實。她的內心時不時就會冒出這種聲音：

「與其這樣活下去，我寧願放棄一切。既然上帝都要拋棄我了，那我拋棄這個世界也無所謂，不是嗎？」

因為想獲取理想的工作，或想要達成夢想實在太困難了，許多人在這種情況下，內心會變得相當疲憊又脆弱。然而無論如何，唯有重新坐在書桌前為未來做準備，才能抓住一絲絲的希望。如果連這點都辦不到，那就毫無可能性，更會使自信心一路下滑。

當然，重新努力不像字面上說的那麼簡單，無數次失敗的創傷，不斷折磨著那些試圖振作起來的人們。只要一想到「失敗了」的挫折感和無力感，就會讓人難以專注眼前的情狀。

當你像這樣被束縛在失敗與挫折之間，感到相當無力時，能夠幫助你克服難關的心理法則，就是牆上蒼蠅效應（Fly-on-the-wall Effect）。

這是一種只要用客觀的第三者視角來看待失敗和挫折，就能保持超然態度的主張。

美國柏克萊大學心理學者奧茲朗．阿杜克（Ozlem Ayduk）與密西根大學的伊森．克洛斯（Ethan Kross）曾進行過一項有趣的實驗，他們將受試者分成兩組，要求他們分別以不同的視角回想過去的失敗經驗，並針對受試者產生的情感進行調查。

其中一組被要求以第一人稱的視角去回想失敗經驗，結果受試者表示，他們不僅血壓和心跳升高，更產生了令他們不舒服的情感。另一組則被要求以第三者的客觀視角去回想，結果顯示，血壓和心跳無太大的變動，也沒有出現令他們不舒服的情感。這意味著不管失敗經驗對本人來說有多麼痛苦，由第三者視角去進行客觀審視時，就如同貼在牆壁上的蒼蠅一樣，不會產生特別的意義。因此，這個心理法則就被命名為「牆上蒼蠅效應」。

日常生活中，很少人是不曾失敗、每次都成功的；加上近來大環境使然，在各家公司減少招募人員的情況下，即便是一路以來都很順遂的年輕人，也免不了會嚐到失敗的苦頭。此刻應該採取的行動，是喘一口氣，然後接納失敗這個現實。唯有轉換觀念，才能重新振作起來。

想學著接納失敗、將之視為人生的一部分，最重要的關鍵，就是要克服挫折感和沮喪的情緒；此時，「牆上蒼蠅效應」即是可派上用場的法則。實際上，以大腦研究著稱的哈佛大學醫學院學者吉兒・波特・泰勒（Jill Bolte Taylor）就主張，負面情緒的壽命不超過九十秒，你只要靜靜地袖手旁觀，它們就會消失。

「負面想法與情緒的自然壽命是九十秒。當我們感到憤怒時，壓力荷爾蒙會順著全身血管擴散出去；但只要過了九十秒，它們就消失得無影無蹤了。」

失敗帶來的挫折感與沮喪情緒，同樣會在九十秒內衰退。儘管如此，為何我們依然受到痛苦情感的折磨，且時間拖得越久就越嚴重呢？這是因為我們往往會以第一人稱的觀點來記憶事件並反覆咀嚼，在這個如同火上加油的過程中，自我就會漸漸遭到負面情緒吞噬。

如果想避免這種情況，第一步要做的，就是擺脫第一人稱的觀點；要像隻附著在牆上無動於衷的蒼蠅一樣，以第三人稱的客觀視角去面對自身的失敗。請發揮想像力，像第三者一樣去審視因為挫折和沮喪情緒而感到痛苦的自己。也許有點難度，但只要成功過一次，就能體驗到負面情緒瞬間消失的感覺。

印度靈性導師帕帕吉（H. W. L Poonja）談到情感的虛無曾說過：「請看看內在，在那裡，你、真我、上師之間並無任何區別。」

他說「自己」、「真正的自己」與「悟道的上師」之間並沒有差別，不存在著所謂的「弟子」與「教誨」。如此說來，我們內在的「不悅」與「愉悅」，有很大的差異嗎？負面和正面的情緒，真的有區別嗎？試著用第三者的觀點靜靜地審視內在，你就能做出智慧的判斷。

討厭因為別人
而產生自卑感的自己

Self-Protection

法則／05

個體心理學

這是一種著重於社會脈絡、生活方式及自卑感對個體影響的心理學。

K是一位大學生，是那種有著「醒目風格」的人。他會把頭髮染成紅色或黃色，配戴閃閃發亮的飾品，還喜歡穿著華麗多彩的衣服；不平凡的打扮，使他經常吸引旁人注目。

然而，他卻不太適應團體行動，每逢系上舉辦活動時，他常常出現不合群的行為。在教室裡也一樣，他會在課堂上打開筆記型電腦大聲敲打鍵盤；或是不等教授說完話，就突然舉手發問，做出惹人注目的行為。他看起來總是自信滿滿，但奇怪的是，他身邊的朋友很少。而每當他與朋友見面時，他也總是覺得有一堵無形的牆壁擋在他與眾人之間。他感到越來越孤獨，在演講結束後來找我傾訴煩惱，我斬釘截鐵地說道：

「你似乎抱持著一股自卑感。」

「你是怎麼知道的？」

「一般來說，抱持著自卑感的人，看起來經常是消極又內向的，但有時候並不是這麼一回事。尤其是試圖對其他人隱瞞自卑感時，他們反而會出現更加引人注目的行徑。」

此時，他總算吐露心聲，原來他的父母都出身名校，平輩親戚們的功課也都相當優異，全數考上一流學府就讀；唯獨他，因為成績不夠好，只能考上遠低於目標的大學，因而無法融入整個家族。再加上他是長子，容易被拿來比較，導致他與父母的關係越來越惡化，漸漸地也開始缺席親戚聚會。

原本個性文靜的他，自從上了大學後，逐漸轉變成外向風格。不管做什麼事，一定要吸引到別人的視線，非得在他人面前採取行動，他才會感到滿意。如今，他無論走到哪裡都備受矚目了，但他的自卑感不僅沒消除，還越來越嚴重，甚至連一個可以敞開心房的朋友都沒有。

近年，韓國流行「劣爆」（劣等感爆發）*這個簡稱用語，代表我們在日常生活中經常會觸發自卑感的情緒。「自卑感」，字典裡的解釋是「與他人相比後，認為自己落後或缺乏能力的一種長期情緒或意識」，這無疑是「自尊」最大的敵人。不過讓人意外的是，大部分的人都會產生自卑感，只是程度不同；即便是外表看起來抬頭挺胸、凡事積極投入的人，很多時候也可能抱持著自卑感，只不過以不同的方式表現罷了。

心理學小教室

揪出自卑感！表現自卑感的五種類型

❶ **逃避現實型**：一味地迴避所有不想接受的事實。

❷ **幽默型**：表面上看起來很樂觀，實際上是用幽默來掩飾自卑。

❸ **優柔寡斷型**：缺乏主見，為了獲得旁人的肯定而不知所措地推遲選擇。

＊「劣等感」在韓國的用法相當於「自卑感」。

❹ **軟弱膽小鬼型**：迴避全新的事物或競爭。
❺ **攻擊型**：透過具有攻擊性的行為或引人注目的行徑來博取關注，藉此尋求安全感。

懷有自卑感的人，大部分都被描述成逃避現實、優柔寡斷與軟弱的樣子，但有時並非如此。那些愛笑的、總是幽默風趣的人，看起來好像很樂觀，實際上有可能是為了隱藏自卑感而選擇笑鬧的態度。還有一些人，談吐和行為極度外向，甚至會魯莽失言而得罪人，大家往往認為這就是典型的外向又有行動力的類型。事實上並不全然如此，他們有時是為了掩飾自卑感，才表現出攻擊性，上述的大學生K就屬於這種類型。

這麼看來，抱持著自卑感的人比預期的多上許多，說大部分的人都有自卑感也不為過。只是，「懷有自卑感」這件事，並不一定都會演變成「問題」。舉例來說，阿道夫・希特勒（Adolf Hitler）出生在一個家徒四壁的家庭，父親是個酒鬼，他自己又經歷落榜和退學、學歷不佳等因素，導致自卑感成了他的化身。所以當他看到許多富裕又聰明的人經常是猶太人時，他就特別憎恨這個民族，埋下了在第二次世界大戰中屠殺將近六百萬名猶太人的動機。

與此相反，把自卑感昇華為自信心的例子也不在少數。史蒂芬・霍金（Stephen William Hawking）因為漸凍症、巴拉克・歐巴馬（Barack Obama）則因為身為黑人而抱持著自卑感，但他們都漂亮地克服了——前者成為偉大的物理學家，後者則當選了美國總統並成為諾貝爾和平獎得主。

更不能遺漏掉的例子，是個體心理學大師阿爾弗雷德・阿德勒（Alfred Adler）。他出生時患有軟骨症，是個行動遲緩的孩子，據說他為此遭受手足和朋友的排擠；中學時更因數學表現不佳，老師甚至建議他輟學去當修鞋工。然而，老師這番話反倒刺激了阿德勒，使他發憤努力讀書，畢業時成了班上最優秀的學生。

飽受來自肉體和精神上的折磨、曾經陷入嚴重自卑的阿德勒，後來決定成為醫生，還順利考進維也納大學醫學院。此後他開設的心理諮商所，對於因為自卑感和精神衰弱而感到痛苦的人們，給予了相當多的幫助。

阿德勒更以無數的臨床經驗和研究為基礎，建立了個體心理學（Individual Psychology）。

這是一種著重於社會脈絡、生活方式及自卑感對個體影響的心理學。

根據個體心理學的說法，人類是一種會克服與生俱來的自卑感並獲得優越感的存在。阿德勒更曾經談論自卑感帶給人生的積極面：

「自卑感、焦慮感可以幫助我們建立生活的目標，並且讓目標具體化。人類早在新生兒時期就渴望獲得關注，往往會想方設法試圖引起父母注意；這種對於認同的渴望，是在自卑感的影響下發展起來的，它會引導孩子去設定一個可以讓情況更加優越的目標。」

讓我們試著改變看待自卑感的態度吧！自卑感本身並不構成問題，重點在於好好利用和管理自卑感來達成自己的目標。只要意識到自卑感，並且採取正面的方式加以調整，就能發掘出連自己都不知道的內在能量；朝著良好的方向應用，那份能量更將轉化成生活的動力，不是嗎？

Chapter 2

不再沒來由地質疑自己——建立自我認同感的心理學

試著努力客觀看待自己的需求，就能不被沒意義的情緒牽著鼻子走。

覺得自己總是在自欺欺人

Self-Protection

法則／06

心理防衛機制

這是一種當自身處於受威脅的狀況時，就會無意識地欺騙自我，或試圖對情況做出不同解釋，以避免情感創傷的保護心理。

「男友提出分手了，我卻認定只是開玩笑，沒辦法接受事實。」——否定的防衛機制

「我不願承認自己的錯誤，而是選擇責怪別人。我不喜歡這樣的自己。」——投射的防衛機制

「這明明不是我的本意，我卻無法停止說謊。」——反彈的防衛機制

當事情進行得不太順利時，很多人會發牢騷，然後又覺得像這樣拿不出解決方式，只能一味地抱怨、迴避問題的自己很可悲；嚴重時，甚至會擔心自己是否精神異常，或是為了自我認同感而陷入苦惱。其實，每個人的本能反應與意識到真實問題的「自我」無法同步，是理所當然的現象。

「人格」（Personality）這個單字的意思，是指「一個人的性格」，其語源來自「人格面具」（Persona）這個名詞；換句話說，人格不像表面上看起來那麼具有一致性。對所有人而言，在矛盾與不安共存的情況下，為了避免內心創傷，會無意識地欺瞞自己的真實欲望而渾然不知，是很自然

的一件事。

當伴侶突然提出分手時，要接受這個現實並不容易，而自我為了把傷害降到最低，就是去否定分手這件事實。此外，犯錯時把原因歸咎於他人，或是不斷撒謊，這也都是把自身傷害降到最低、避免被別人察覺心思的心理手段。

有一個心理學名詞叫做**心理防衛機制**（Defense Mechanism），針對這個現象做了很好的說明。

這是一種當自身處於受威脅的狀況時，就會無意識地欺騙自我，或試圖對情況做出不同解釋，以避免情感創傷的保護心理。

防衛機制可以緩解外部惡劣情境所帶來的衝擊，如果沒有防衛機制，自我就會暴露在負面處境中而跌跌撞撞。因此，我們應該要好好理解這套與自身意志無關、會自動啟動的防衛機制，並把它視為人格的一部分。不用向任何人學習，從兒童、青少年到成人，所有人為了保護自己，都會使用這套防衛機制。

防衛機制，最早由西格蒙德・佛洛伊德（Sigmund Freud）提出，他的女兒安娜・佛洛伊德（Anna Freud）則進一步系統性地整理出防衛機制的類別與作用。佛洛伊德是如此定義防衛機制的：

「自我雖然會採取現實的解決方式來克服危險，但是當這種方法不能如願以償時，就會藉由否認、扭曲、偽裝現實，或是透過停止人格的發展來減輕不安；這些方法就稱為自我的『防衛機制』。」

防衛機制有哪些呢？大致上來說，可以分為「不成熟的」和「成熟的」。進一步細分，不成熟的防衛機制包含：否認、潛抑、投射、合理化、行動化、反向作用、退化、替代、認同等；而成熟的防衛機制有：利他主義、禁慾主義、幽默、昇華、抑制等，以下依序來檢視它們。

心理學小教室

你所不知道的防衛機制

不成熟的防衛機制

- **否認**（Denial）：透過否定令人痛苦的環境或資訊來逃避不安。
  例：即使自己的孩子犯了錯，也會說「我的孩子絕對不可能那樣做」。
- **潛抑**（Repression）：避免意識到會引起壓力或焦慮的原因。
  例：忘記與討厭的人約好的日期。
- **投射**（Projection）：將不好的事件後果轉嫁給他人。
  例：沒有意識到自己犯錯的事實，認為是對方做錯事卻對自己發脾氣。
- **合理化**（Rationalization）：將不利自己的態度和想法合理化，藉此獲得自我滿足。
  例：在遭到異性的拒絕後，咒罵對方的個性其實不怎麼樣。
- **行動化**（Acting Out）：用行動表現出無意識的衝動和渴望，藉此迴避與其相關的情感。

例：在感到憤怒時，不去解決原因，而是損壞器具或施加暴力給對方。

- **反向作用**（Reaction Formation）：採取與自己的情感、想法相反的表現與行動。

例：明明是自己喜歡的人，卻反過來說自己對他沒興趣，或討厭對方。

- **退化**（Regression）：為了避免不安而回到幼兒時期的行為。

例：在弟弟妹妹一出生後，孩子就表現得像個嬰兒，試圖獲得關注。

- **替代**（Displacement）：為了避免焦慮和矛盾而更換對象。

例：想要孩子卻無法得子時，轉而執著於寵物。

- **認同**（Identification）：與投射相反，為了避免自身的不足，將他人的優點攬到自身，視為自己的一樣。

例：對孩子的成功產生成就感的父母。

成熟的防衛機制

● **利他主義**（Altruism）：透過對他人的奉獻來取代自己渴望獲得的事物。

例：志工服務、孝順父母。

● **禁慾主義**（Asceticism）：透過忍耐慾望的行為獲得快感。

例：為了考上大學而克制想玩耍的心情。

● **幽默**（Humor）：用開玩笑代替不愉快的情緒。

例：出外旅行遇到雨天時，反而笑著說這樣比較涼爽舒服。

● **昇華**（Sublimation）：以社會上能夠容許的方式來表現無法克制的性衝動或攻擊。

例：小時候受過虐待的畫家，透過作品釋放攻擊性。

● **抑制**（Suppression）：透過其他方式緩解或調節衝動與矛盾。

例：為了忘記不愉快的事情而尋找一些興趣來做。

防衛機制是每個人都具有的一種心理，假使某一刻你忽然出現自己也感到陌生的行為，不需要困惑，而是應該接納它，把它視為解決當前危機的自然反應。這些無關自身意志、猛然冒出來的各種行為，並不是想要欺騙自己，反倒是在試圖保護自己。

即便如此，防衛機制中有成熟與不成熟的方法，如果反覆出現的是不成熟的防衛機制，那麼問題就會在沒有獲得解決的情況下不斷重現，應對更大困難的能力也會下降。所以，使用成熟的防衛機制是相當重要的。

我們一方面要了解並調整自己經常出現的防衛機制，一方面則需要一個過程，去尋找並訓練自己能以更有智慧的方法來化解當前的處境。如同前文提及的，像是：透過運動來緩解攻擊性的「抑制」、用繪畫來表現慾望的「昇華」；或在面試時因為太緊張滑了一跤，而能以「我的腳搶先跟面試官打招呼」來應對的「幽默」等等。此外，發揮利他主義，從事志工服務與孝順父母等，不斷地調節、以不同形式釋放自身的自卑感也很好。

如果你出現了與平時不太一樣的行為，首先要做的是安慰自己：「原來我的防衛機制啟動了！」不過，若是為了保護自己而帶給他人傷害，或是做出傷害自己的行為，長期來看並不是一個好主意。讓我們好好記住這一點，同時試著尋找成熟且有效消除自身壓力的方法吧！

追求安穩
而非夢想的自己好俗氣

Self-Protection

法則／07

需求層次理論

這個理論認為，人類的需求是有層次組織的，唯有先滿足低層次的需求，才能表現出高層次的需求。

給大學生上課的過程中，我有更多機會在課後、空堂和假期時與他們交流，然而我卻是在諮詢生涯最容易聽到他們的煩惱——在其他場合總是安靜不語的他們，此時會吐露自己的真心。從諮商學的角度來說，這份「真心」反映的是「渴望」，是一個人決定自我認同的要素。

有一位大學生經常說自己未來想成為學者，有意繼續攻讀研究所，但在進行生涯諮詢時，他卻如此坦言：

「我喜歡做學問，但畢業後想先找一份穩定工作，實現經濟獨立。」

另一位大學生則說，想進入法學院，成為一名律師，但後來也小心翼翼地說出自己的顧慮：

「我沒有信心可以保持長期學習的狀態，所以想著不如去當公務員好了。但最近要通過公務員考試簡直比登天還難，我離當初的夢想越來越遙遠了。」

還有一位大學生，平時總說自己的夢想是成為從事志工服務的社會活動家，然而他也跟我傾訴了自己的煩惱：

「我的夢想是成為一個受到許多尊敬的人，但這好像是條艱難的路。所以儘管投入求職有點俗氣和丟臉，不過還是應該優先做這件事吧？」

這幾年，大學生最大的需求是立刻賺錢，因此比起能夠帶來名譽的職業或真正感興趣的領域，眾人更偏好收入穩定又有保障的工作。這個現象與近年的景氣息息相關，人們即使運用各種條件為自己加分，多數時候也無法獲得令人滿意的工作；再說，工作也不僅是自我實現，與食衣住行這些生活機能更有直接的關聯。

所以，跟實現夢想比起來，多數人優先考慮穩定的工作，因為吃得飽、穿得暖的需求源自本能。如果這項需求沒先獲得滿足，什麼學者的夢想、律師的夢想、社會活動家的夢想都是無法實現的。這些大學生絕不是出於軟弱而放棄夢想，與此相反，他們對自己的需求比任何人還要誠實。

不只是求職問題，很多人往往會在理想與現實之間煩惱，比如說要不要辭掉工作去實現夢想了一輩子的環球旅行、要不要從公司引退挑戰自行創業等等。此外，也有許多人會覺得服從現實的自己很俗氣，更為此而感到辛酸。

根據美國心理學家亞伯拉罕・馬斯洛（Abraham Maslow）的需求層次理論（Hierarchy of Needs Theory），他們是停留在「安全需求」的階段，正在試圖擺脫經濟上的恐懼來保護自己。

這個理論認為，人類的需求是有層次組織的，唯有先滿足低層次的需求，才能表現出高層次的需求。

根據需求層次理論，人類大致上具有五個階段的需求，五種需求按順序層次化，唯有滿足低層次需求到一定程度以上，才會出現高層次需求。此外，一旦下位需求獲得滿足，就不會再出現以此為動機的行為。以下讓我們來詳細了解。

第一階段——生理需求（Physiological Needs）：人類最基本、也最強烈的需求，是我們在生物學上為了生存所不可或缺的要素。飲食、排泄、呼吸、睡眠、性慾等都屬於這個層次，如果這些需求得不到滿足，就無法進入下一個階段。對一個飢腸轆轆的人來說，還有什麼比吃一頓飯還要迫切的呢？對一個睡意濃厚的人來說，金錢、伴侶、名譽、心靈成長這些通通沒有意義，最重要的是可以立刻睡覺。

第二階段——安全需求（Safety Needs）：在解決生理需求後所產生，是從恐懼中保護自身安全的需求。人身上的安全、經濟上的安全、健康上的安全、免於事故與災害的安全等都屬於這個層次。為了不丟掉飯碗，優

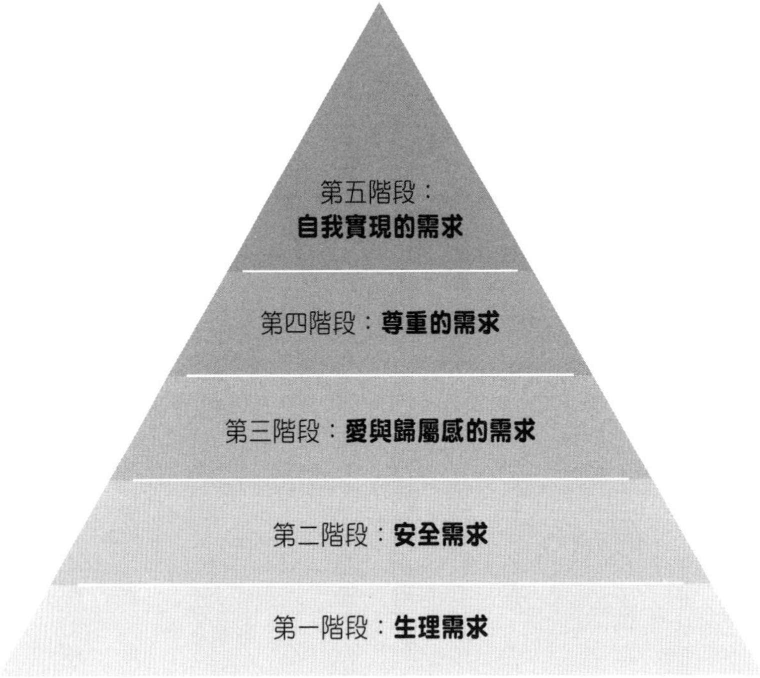
第五階段：
自我實現的需求
第四階段：尊重的需求
第三階段：愛與歸屬感的需求
第二階段：安全需求
第一階段：生理需求

先選擇穩定的工作，是第二階段需求的代表例子；體弱多病的人，則優先尋求身體健康。從社會觀點來看，這點也揭示了人們對於穩定工作有一定的需求。

第三階段——愛與歸屬感的需求（Need for Love an Belonging）：渴望在社會中形成組織與歸屬的需求。在成為具有自我意識的成人後，我們就生活在大大小小的組織裡，學校、職場、興趣同好會、宗教團體等，並持續在這些組織中進行交流，從他人身上獲得注目與關愛，同時也希望自己能夠反向回饋。一旦從這些關係分離出來，我們就會產生失落感，甚至感受到壓力。

第四階段——尊重的需求（Need for Esteem/Respect）：渴望成為一個受尊重的人格主體的需求。這個需求又分為兩種，其一是透過品格、名聲、地位等從他人那裡得到的尊重；其二則是透過自身的堅強和信心所獲得的尊重。兩種都必須得到滿足，否則就會產生自卑感和無力感。

第五階段——自我實現的需求（Self-actualization Needs）：渴望發揮潛

力達到自我實現的需求。有些人的終極目標是希望成為明智的父母，有些人則是當上總統在政治上獲得許多尊敬。要實現這個需求，前面四個階段的需求都必須滿足到一定程度以上才行。

當我們身處在這五個階段的需求中，我們會為了解決某個需求而停留在某一層。正如前文提及的，如果你重視安全勝過於挑戰，就代表你現階段擁有的是第二階段的需求，這沒什麼好自責的，因為這是我們根據需求而做出理所當然的選擇。千萬不要責怪自己妄自菲薄地拋棄夢想、只求餬口度日，只要我們滿足了當前的需求，自然就會進入更高層次的追求。

有太多傷心事，讓人動不動就想哭

Self-Protection

法則／08

詹姆斯－蘭格理論

這個理論認為，情緒經驗不是依「刺激→情緒→身體反應」的順序，而是依「刺激→身體反應→情緒」的順序出現。

有個問題叫做「先有雞還是先有蛋」，這是一道試圖解釋因果關係的哲學謎題，因為始終沒有解答，至今依然是個難題。不過這只是少數情況，世界上大部分的問題都存在著原因與結果。

人類的情緒與身體反應，也存在著因果關係。眾人通常會認為自己的情緒（悲傷、快樂）與身體反應（哭泣、大笑）的因果關係是這樣：

「由於產生了悲傷情緒，所以才會出現哭泣的行為；相同地，當心中充滿快樂情緒時，才會笑出聲來。因此情緒在先，身體反應在後。」

乍看下，這說法似乎很有道理。然而，倘若我們認為情緒在先，身體反應隨之在後，那麼往往就會誤以為情緒是絕對的；換句話說，會因此認為人類是服從情緒、受其支配的存在，這其實是誤解。實際上，情感不過是身體反應作用下產生的結果，也就是說，我們會因為哭泣而產生悲傷的情緒，也會因為大笑而產生快樂的情緒。只要擺脫這個誤解，我們就能掙脫情緒的支配，反過來對情緒進行調節。

關於這點，可以透過美國心理學家威廉・詹姆斯（William James）與丹麥生理學家卡爾・蘭格（Carl Lange）所提出的詹姆斯—蘭格理論（James-Lange Theory）來進一步了解。

這個理論認為，情緒經驗不是依「刺激→情緒→身體反應」的順序，而是依「刺激→身體反應→情緒」的順序出現。

根據詹姆斯—蘭格理論，情緒是由身體反應引起的，詹姆斯曾說：「我們是因為哭泣所以感到悲傷、因為打人所以感到憤怒、因為發抖所以感到害怕；而不是因為感到悲傷所以哭泣、感到憤怒所以打人、感到害怕所以發抖。」

讓我們來看一下人類具有的代表性情緒，與身體反應的因果關係。除了最直接的喜、怒、哀、樂，還有一些更複雜的情緒，例如羞恥、嫉妒、恐懼、憂慮、感動等等。以下舉這幾種情緒為例，來看看它們與身體反應的因果關係。

心理學小教室

不是你想的那樣！情緒與身體反應的關係

- **羞恥**：因為感到羞恥，所以渾身發抖，抬不起頭（×）
→因為渾身發抖，抬不起頭，所以產生了羞恥的情緒（○）
- **嫉妒**：因為感到嫉妒，所以嘴角癟縮，喘息劇烈（×）
→因為嘴角癟縮，喘息劇烈，所以產生了嫉妒的情緒（○）
- **恐懼**：因為感到恐懼，所以心臟跳動劇烈，渾身起雞皮疙瘩（×）
→因為心臟跳動劇烈，渾身起雞皮疙瘩，所以產生了恐懼的情緒（○）
- **憂慮**：因為感到憂慮，所以臉色黯淡無光，垂頭喪氣（×）
→因為臉色黯淡無光，難以抬頭，所以產生了憂慮的情緒（○）

二〇〇七年，德國心理學家弗瑞茲・施卓克（Fritz Strack）、雷納德・馬丁（Leonard Martin）與薩賓・史戴波（Sabine Stepper），在《科學》期刊上發表了一篇「臉部回饋假說」（Facial Feedback Hypothesis）實驗，讓詹姆斯—蘭格理論獲得了科學上的支持。

這個實驗將受試者分為A組和B組，要求A組用牙齒咬住原子筆，B組則以嘴唇含住原子筆，並請他們翻閱漫畫書。結果顯示，明明看的是同一部漫畫，A組卻有更多人對漫畫給了有趣的評價。原因在於用牙齒咬住原子筆和用嘴唇含住時的表情不一樣，前者只要稍微動一下臉部肌肉，就可以露出微笑；後者卻容易維持著嚴肅的表情。換句話說，先出現笑臉與嚴肅的臉，接著大腦認知到這點後，才產生了相對應的情緒——前者是「有趣」，後者是「無聊」。

在神經學領域也得到進一步的證實。大腦皮質內側有一個察覺內臟器官感知、名為「島葉」（Insula）的部位，當它接收到來自器官的厭惡感知時會被活化，就會透過身體反應表現出來。舉例來說，吃到壞掉的食物時，內臟產生反射性的反應後，島葉感知到，於是就出現厭惡的情緒。

此外，腦內還有一個「發笑中樞」。加州大學洛杉磯分校醫學中心的伊扎克．弗瑞德（Itzhak Fried）博士在治療病患癲癇時，於左側大腦的四肢控制神經組織前方，發現了會起「發笑」作用的中樞。如果輕輕刺激受試者的這個發笑中樞，他們就會微笑；如果強烈刺激，他們就會開懷大笑。就算沒什麼好笑的事情，只要刺激這個中樞，就會產生反應。使用到笑的肌肉，發笑中樞會被活化；刺激發笑中樞，笑的肌肉則會被使用到，更會一併產生愉快、開心、快樂的情緒。

「因為感到悲傷，所以只能哭泣。」

「因為感到憤怒，所以行為就會具有攻擊性。」

「因為有太多的憂慮，所以只能垂頭喪氣地活著。」

如今，我們已經無法肯定地說「情緒是優先的」。更多時候這句話只是一個藉口，反映出的是我們在負面情緒的控制下被動度日。難道要像個悲傷、憤怒、憂愁的奴隸一樣，讓自己的人生一直被情緒牽著鼻子走嗎？

此前，全球遭逢新冠肺炎的肆虐，人們正在經歷前所未有的關係破碎。在這種烏雲籠罩的情況下，如果想以積極的自我來鼓勵自己、享受具有主體性的人生，就必須先擺脫從屬於情緒的態度。那些將我們束縛住的情緒，並不是某種「天意」，只不過是身體接收到刺激起了反應後的副作用罷了。讓我們試著努力客觀地看待自己的情緒吧！不要被沒意義的情緒牽著鼻子走，建立起具有主體性的自我，這樣就足夠讓生活好過一些。

常常覺得自己低人一等

Self-Protection

法則／09

溝通分析理論

這是一種系統性的諮商理論與技巧，以人本主義的人際關係為基礎，探索個人的成長與變化。

我讀大學時，在專攻多益考試的英語補習班認識了一位外校好朋友C。他是個非常擅長社交的人，還擔任了多益社團的總務，每逢聚會總是待到最後，為活動投入了大量的時間。經營社團常常遇到缺乏金源的狀況，而他總是會想方設法籌措資金讓活動順利舉行，所以大家都認為他的生活應該頗為寬裕。當然，社團裡的所有人都很喜歡他。

但有一個很奇怪的地方，那就是沒有人真正了解這位朋友，所有人都不知道他住在哪裡、來自哪裡或有什麼興趣這類資訊。

「你住在哪裡？」

「哦……我一個人住在我們學校後門那裡。」

「哪天我可以找個時間去玩嗎？」

「我家正在裝修，整個亂七八糟的，你之後再來玩吧。」

當時我想與他拉近距離，曾直接這樣提問，但他漲紅了臉，當下就築起防禦牆。一般來說，到這種程度的交情，多少會彼此分享一些瑣碎的小事才對，所以這點讓我感到很怪異。直到有一天，這位朋友向我吐露了他不曾對別人說過的隱情。

「這件事我只跟你說，事實上，我現在住在『考試院』*，家裡的情況也不是很好。我不想告訴任何人，除了那些我信任的人以外。因為這實在很羞恥。」

明白他的實際情況後，我此刻才真的理解他。雖然他對任何人都很親切，但對自己卻非常嚴格；並且因為內心的自卑感，與他人的關係往往會受到限制。

雖然他看起來活潑大方，個性也很積極、喜歡與人群交流，但事實是他對自己缺乏自信，所以認為其他人都比自己還優秀，而表現出為周圍人們犧牲奉獻的態度。關於這點，我們可以用溝通分析理論（Transactional

Analysis，TA）來解釋。這是一種系統性的諮商理論與技巧，以人本主義的人際關係為基礎，探索個人的成長與變化。

這套技巧在一九五〇年代末期，由美國心理學家暨心理治療師艾瑞克・伯恩（Eric Berne）提出。溝通分析理論主張，人類的「人生態度」，可依據我們審視自己與他人的角度分成四種，而這會對每個人的人際關係產生決定性的影響。

---

*考試院（고시원），韓國的一種租屋形式，一層樓通常隔成十幾間房來出租。空間十分狹小，但租金相對便宜，租客以收入不高的學生、勞工族群或獨居老人為主。

心理學小教室

你是哪一種？四種人生態度決定人際關係

❶**自我肯定——他人肯定型**（I'm okay-You're okay）：正面看待所有人的態度，包括自己與周圍的人。具備這種態度，人際關係通常得以圓滿地延續。

❷**自我肯定——他人否定型**（I'm okay-You're not okay）：以自我為中心的態度，認為只有自己是對的，別人都是錯的。這種態度往往會形成排他性的人際關係。

❸**自我否定——他人肯定型**（I'm not okay-You're okay）：認為自己低人一等的態度。審視自我時採取負面觀點，看待他人時卻抱持正面視角，從而表現出犧牲奉獻的態度。這種情況下，容易形成自我消耗的人際關係。

❹**自我否定——他人否定型**（I'm not okay-You're not okay）：認為一切都不對的態度，無論是自己或全世界。在否定一切的狀態下，往往沒辦法與他人好好相處，時不時就會因為意見分歧而產生衝突。

根據溝通分析理論，朋友C屬於第三種的「自我否定——他人肯定型」，也就是對自己帶有負面認識，而認為別人比較厲害的類型。這種人的人際關係，表面上看起來沒什麼大問題，但他們會努力對別人好，甚至不惜犧牲自己的時間與金錢；然而當其他人對自己抱持興趣時，他們又會隱藏自己的真實樣貌，最終亦無法建立圓滿的人際關係。

讓我們再仔細觀察這四種人生態度的特徵（請參考第八十四頁），試著診斷一下自己目前的人際關係吧！第一步，必須要了解並接納自己現在的樣貌，如果覺得自己充滿自卑感，那麼愛惜自我的態度就是最重要的；而如果意識到自己產生強烈的自愛，那可能就處在只肯定自己而否定別人的狀態。

接著，以邁向最理想的「自我肯定——他人肯定型」來建立圓滿的人際關係為目標吧！思考一下自己的心理狀態還缺少了什麼，也許不太容易，但如果想要擁有一個良好的人際關係，正面審視自己與他人的相處狀態，絕對是不可或缺的環節。

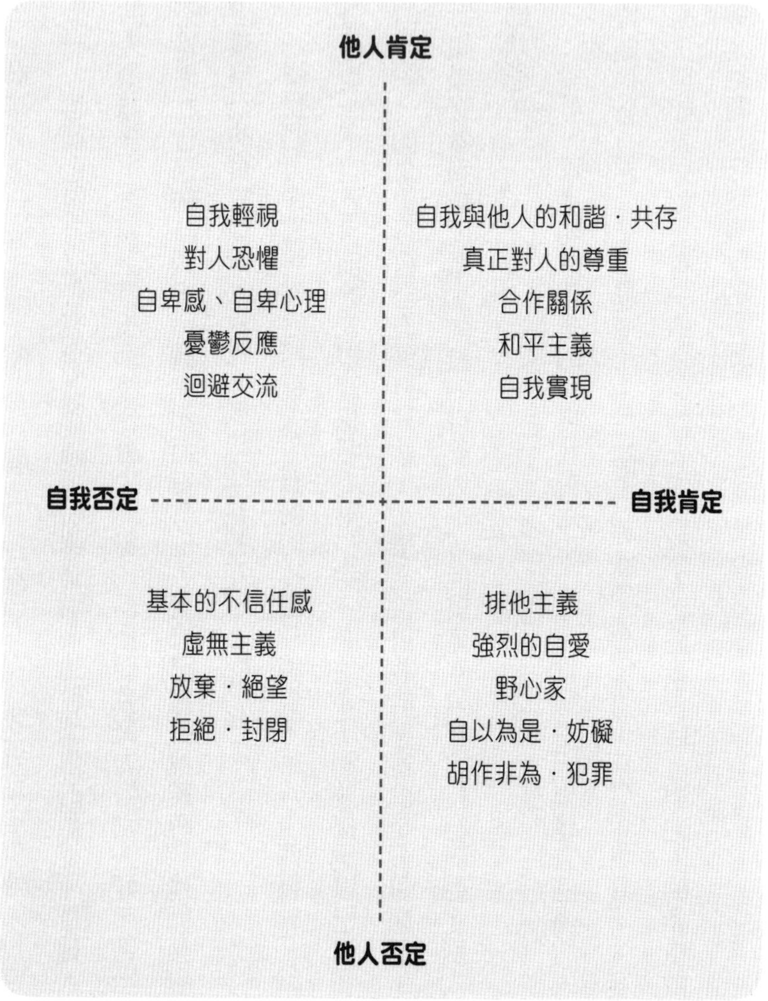
他人肯定
自我輕視
對人恐懼
自卑感、自卑心理
憂鬱反應
迴避交流
自我與他人的和諧．共存
真正對人的尊重
合作關係
和平主義
自我實現
自我否定
自我肯定
基本的不信任感
虛無主義
放棄．絕望
拒絕．封閉
排他主義
強烈的自愛
野心家
自以為是．妨礙
胡作非為．犯罪
他人否定

Chapter 3

適時放下單方面的想法——打開人際關係的心理學

想與對方建立圓滿的關係，
那就應該適當地掌控自己的本能。

就算對方很難搞，也想跟他好好相處

Self-Protection

法則／10

認知失調理論

這是一種當個人抱持的信念、思維、態度與行為之間發生失調的時候，為了消除心理上的不適感，個人的態度或行為會出現變化的理論。

美國開國元勳之一、同時也是避雷針發明者的班傑明．富蘭克林（Benjamin Franklin），世人眼中有著美名的他，當年從事政治活動時，卻與立法機關不融洽，為此曾經歷一段困境。許多名立法官員處處與富蘭克林在政治上發生衝突，總是貶低、仇視他，認為他一個印刷工人出身，怎能如此囂張霸道。然而，為美國民主主義發展賭上一切的富蘭克林，在經過一番苦思後，想出一個妙計——他去接近了其中一名政敵。

「能否讓我拜託你一件事，我想看議會圖書館收藏的一本珍貴書籍，你可以幫我借取嗎？」

「當然沒問題，小事一樁。原來你也知道那本書的價值。」

讓人驚訝的是，這位政敵的反應是如此正面，他欣然答應了富蘭克林的請求，彷彿雙方沒發生過任何爭執一樣，甚至還對富蘭克林產生了親切感。這是因為，他從前來拜託自己的富蘭克林那裡獲得了尊重，並且自己有能力達成富蘭克林辦不到的事，所以內心感到愉悅。根據富蘭克林的說法，他因此得到了一輩子的政治夥伴。

「借錢給敵人，會得到他的友誼；借錢給朋友，會失去這段友誼。」

這就是「班傑明・富蘭克林效應」（Benjamin Franklin Effect），是指施惠者對請求幫助的人產生好感的現象。這點在心理學上的根據是什麼呢？那就是認知失調理論（Cognitive Dissonance Theory）。

這是一種當個人抱持的信念、思維、態度與行為之間發生失調的時候，為了消除心理上的不適感，個人的態度或行為會出現變化的理論。

根據美國社會心理學家里昂・費斯廷格（Leon Festinger）於一九五七年撰寫的認知失調理論，人類經常為了減少自身想法與行為之間的失調而努力。也就是說，每當想法與行為產生了不一致，人們就會透過改變想法來減少思想與行為之間的失調。

費斯廷格以史丹佛大學生為對象的「一塊美元、二十塊美元」實驗，證明了這個論點。他首先要求受試者們纏繞線軸，這是一項要持續將線向右纏繞四分之一、重複性高且令人厭煩的勞動；接著，在受試者纏繞了一小時的線軸後，拜託他們說：

「今天助教沒來，請你們代替助教向外面等候的學生們說實驗非常有趣，我會給你們費用作為答應這份委託的條件。照我要求積極說謊的人，我給他二十塊美元；只能最低限度配合說謊的人，我給他一塊美元。」

結果，除了六位受試者，其餘所有人都加入了積極說謊的行列，按照要求對外頭的學生們謊稱實驗很有趣。後來，研究人員從受試者那裡收集對於實驗的回饋，結果如何呢？

●高度配合說謊並拿到二十塊美元的受試者：「這項實驗真的很糟糕，無聊透了。」

●低度配合說謊並拿到一塊美元的受試者：「這項實驗意外地有趣，我覺得很有意義。」

乍看下，為了獲得更多金錢而努力說謊的那一組，應該有較多人認為實驗很有趣，結果卻恰恰相反。拿到二十塊美元的人，已經充分獲得了說謊的代價，心理上並沒有產生分歧，也就沒有改變對這項實驗既有想法的動機。相反地，拿到一塊美元的人，沒有獲得說謊的充分補償，他們對此行為的正當依據無法得到滿足，所以如果不改變既有心態，心理上的分歧就會增加。於是，為了避免「事實上很無聊」的想法與投入行為之間的失調，他們就改變了自己對這件事的看法，從「很無聊」變成「很有趣」。

人們看起來像是會遵循信念採取一貫的行動，事實上卻是會根據實際行為的結果來選擇信念。換句話說，與其說人類是因為信念而存在，不如說是因為自我合理化而存在。

幾年前，某個教育機構曾舉辦為期五週的講師教育，各領域的講師們齊聚一堂，在學派、性格與教學風格相異的情況下，彼此要達到共識合作實屬難事一樁。有天，主辦方給出一項團體教學的任務，講師們必須一起決定主題、製作課程教案。此時，一位以企業高階主管為授課對象、傳授談話技巧的講師A，和一位教授樂器的講師B不斷發生衝突，還互相在背後說對方壞話。

「那位講師好像不太清楚製作教案的方法，都是我在幫他做，是個沒有責任感的人。而且他準備課程的方式和我完全不一樣，這點讓我感到不舒服也很反感。」

為了改善兩人的關係，我建議講師B在下堂課試著開口拜託對方，針對自己不了解的地方請求協助，像是這樣說：

「我是第一次製作教案，有點不熟悉，您可以教我怎麼做才好嗎？」

不可思議的是，講師A就像等待已久一樣，不只釋出善意，還詳細地告訴講師B製作教案的方法，甚至詢問是否還有不懂的地方。在那之後，兩人不再對彼此抱有偏見，他們在製作教案的過程中也變得相當有默契。聽說過了一段時間後，兩人更成了好朋友，至今還保持聯絡呢！

難搞的人無所不在，在他心裡面，很可能對你帶有負面的判斷，我們該怎麼做才能改變對方的想法呢？此時即使嘗試溝通，也不見得會有太大的改善，因為偏見早已根深蒂固。不如就讓我們反過來，試著要求對方進行一些帶有善意的舉動；如此一來，他為了緩解認知上的失調，就會本能地修正對你的負面看法哦！

認為自己對他人的判斷向來很準確？

Self-Protection

法則／11

後見之明偏誤

這是一種知道某件事的結果後，就相信自己一開始即知道結果的心理現象。

「你本來就常常失誤，不是嗎？事先要小心啊！」

「果然個性是不會變的。」

「你這次大概也會很快放棄吧？」

父母在養育孩子時，口中最常出現的話不外乎是「你本來就這樣」、「我就知道會這樣」——當孩子做了什麼令人失望的舉動，這些話就會無意間冒出來。從媽媽的立場看來，因為長期觀察孩子，所以可能會認為事先給予提醒是理所當然的。然而，這些往往會破壞與孩子的關係，對教養也會產生不良影響。

如同一個總是按照父母期望去做的孩子有可能犯錯一樣，一個經常犯錯的孩子也可能會出現不一樣的行為；一件事情的發生，是由許多因素決定的。我在進行親職教育與溝通講座時經常強調，如果把孩子的性格固著住，總是說出「你本來就是這樣的孩子」這種話，孩子就容易被囚禁在父母設定的框架裡。

這種事也時常發生在成年人身上。上班族M不喜歡總是吊兒郎當的下屬，因為一位下屬進公司沒多久就出包，導致往後不管請他做什麼事，M都因為不放心而三番兩次地確認，甚至回家後也滿腦子在煩惱下屬的事。為此，他承受了巨大的壓力，於是來參加我的人際關係講座。

「我好像陷入了某種偏見，在注意到後輩犯錯以後，我對他的整體評價就固定下來了。我認定他『本來就是這樣的人』所以會犯錯，且以後大概也改不過來，所以一直對他不放心。」

職場上，主管們往往有一種傾向，就是好像對下屬的能力瞭若指掌。事實上，能夠取得成果的員工並非打從一開始就決定好的，每個人都擁有不同的潛力。因此，一向為人正直的員工，有可能會突然做出令人失望的行為；而一直以來吊兒郎當的員工，也可能繳出漂亮的成果。不過，從各種角度來觀察下屬、審視對方的可能性，需要耗費大量的精力，所以大家經常只憑自己知道的那一面來輕易論斷對方。

假設一個常常提出異議、特立獨行的員工，負責了一項大型計畫，結果不盡人意時，主管腦海中可能就會這樣想：

「我就知道會這樣子，缺乏穩定感的人當然成不了大事。」

其實，如果今天是自己有好感的人犯錯，通常只會覺得他「運氣不太好」罷了。所以說，許多人會像這樣單憑結果來論斷一個人，彷彿自己對他人徹底了解一般。

偏向某一面的不理性思考習慣，稱為「偏誤」；而偏誤的種類不計其數，其中，如果在評價一個人的時候，表現得十分了解對方的樣子，這點就稱為**後見之明偏誤**（Hindsight Bias）。

這是一種知道某件事的結果後，就相信自己一開始即知道結果的心理現象。

這種現象又稱為「我早就知道效應」（Knew-it-all-along Effect），這是一種倒果為因的不理性思維。一九七二年冷戰時期，巴魯赫・費斯科霍夫（Baruch Fischhoff）和茹絲・貝斯（Ruth Beyth）要求受試者們預測美國總統理查・尼克森（Richard Milhous Nixon）訪問共產主義陣營的結果，等到訪問行程結束後，再請受試者們回想當初的預測。實驗發現，大部分的人在進行自我評價時，都認為自己當初做出了接近實際結果的預測。這場實驗中，研究人員提供幾個問題請受試者預測，事件發生後再請受試者回想時，當他們被告知有一個預測準確，受試者們就會高估自己其他預測的準確性。由此可知，人們往往有後見之明偏誤。

當這個現象出現在許多人都給某個人否定評價時，就會對當事人的人際關係造成嚴重傷害。假設有個平常形象不好的藝人，即使透露自己遭到詐欺的事實，很多人的反應也會是「他可能在說謊吧？」或者「這是他活該」。就算他成了受害者，也會把他設定成事件發生的原因，這也是後見之明偏誤。以「我早就完全掌握事情結果」的方式所產生的評價，使他淪為不理性責難的對象，與社會成員的正常關係被迫產生裂痕。

我們在生活中會遇到各式各樣的人，但要真正了解一個人的方方面面是件非常困難的事。即便如此，我們往往無法反過來審視自我，反倒容易以獲得的資訊為基礎，來對過程和結果進行判斷，產生後見之明偏誤。

盲從後見之明偏誤、急於對他人進行評價，不僅會對受到負面評價的人造成傷害，也會為自己帶來損失。因為兩者之間，不可能形成合理且平衡的交流，受到不合理評價的人，自然也會討厭單憑一面就對自己妄下判斷的人。如此一來，共事的時候彼此互不抱期待，工作效率也會降低。若想維繫良好的人際關係，就要牢牢記住這點：自己是不可能徹底掌握他人的一切。

總是習慣把錯誤推給別人

Self-Protection

法則／12

基本歸因謬誤

這是指人們在評估他人行為時，會高估內部因素、低估外部因素的一種心理態度。

我曾在一家公司負責員工的團隊發表教育訓練。員工們分成兩組，A組負責發表，B組則準備發表內容、分發資料袋和場地布置。雖然透過幾次的團結大會強化彼此的凝聚力，但自從彩排以來，兩組之間就存在著看不見的鴻溝。

身為講師的我仔細觀察了以後，發現如果彩排的評價很好，他們都會沾沾自喜地認為是自己的功勞。

「A組果然最棒，我們充分發揮了發表實力，得到非常好的成果。」

「多虧精銳成員組成的B組精心準備了資料，才能從主管那裡獲得優良的評價。我們就是有實力，不管走到哪都一樣。」

然而，如果彩排中得到的評價不佳，雙方就開始忙著互相砲轟對方。

「我們表現得很好，是B組沒好好支援我們，明明只要配合我們的發表步調就行了。這次之所以會失敗，都是B組的錯。」

「哎喲，這次的彩排被A組搞砸了，我們已經盡最大的努力了。」

如果這個問題沒獲得修正，就會嚴重阻礙團結，甚至連教育訓練也沒辦法產生太大效果。為此傷透腦筋的我，把兩組都找過來，提出了以下的建議。

「『順利的話，是自己的功勞；不順利的話，就是你的錯』，這是每個人常會出現的心理態度。唯有把正面結果歸功於是自己發揮作用，並把負面結果歸咎於他人造成，才能減少自己受到的衝擊。你們各位現在都陷入了典型的『基本歸因謬誤』。」

當某件事進行不順時，我們很容易把原因歸咎於他人；然而，不管是什麼樣的聚會或組織，如果成員一天到晚互相把不好的結果推給對方，難免就無法信任彼此。也許這件事做起來不簡單，但如果想要互相信任、互相扶持並建立穩固的關係，就應該停止把錯誤推給對方。關於這點，我們可以用基本歸因謬誤（Fundamental Attribution Error）來解釋。

這是指人們在評估他人行為時，會高估內部因素、低估外部因素的一種心理態度。

「歸因理論」旨在談論人們如何解釋自我與他人行為的原因，一九五八年由奧地利心理學家弗里茨・海德（Fritz Heider）在《人際關係心理學》（*The Psychology of Interpersonal Relations*）一書中首次提出。後來心理學家愛德華・瓊斯（Edward Jones）、丹尼爾・吉伯特（Daniel Gilbert）、道格拉斯・克魯爾（Douglas S. Krull）、維多・哈里斯（Victor Harris）進一步提出了「基本歸因理論」，並由社會心理學家李・羅斯（Lee Ross）將其帶入了大眾的視野。

羅斯在一場實驗中，將受試者分為提問者、挑戰者及觀察者三個組別，並要求提問者自行出題來問挑戰者。結果，挑戰者們紛紛表示「我不知道答案是什麼，這真的好難啊」，大部分的人都沒能說出正確答案。同時，研究人員也要求觀察者觀看整個過程。在提問和回答時間結束後，研究人員分別要求三個組別對提問者與挑戰者的知識水準給予評價。結果，提問者認為自己和挑戰者的知識水準差不多，而挑戰者和觀察者則認為提問者的知識水準比較高。於是羅斯下了這樣的結論：

「挑戰者與觀察者對提問者的聰明才智，傾向於給予高度評價，這是因為提問者出題的水準讓挑戰者答不出來；但他們沒思考到的是，這個情境的設計對提問者較為有利。根據這個結果，我們可以了解到，比起歸因於情境，人們往往更容易將行為歸因於性格。」

基本歸因謬誤綁架了人們的潛意識，每個人往往會本能地認為，如果事情進展順利，那就是自己的功勞，如果沒搞定，那就是別人的錯。根據吉伯特與克魯爾的說法，這種基本歸因謬誤大部分都會在一個人採取某種行動的瞬間自動出現。

然而，我們從事的大部分工作都需要透過合作來進行，況且無論是什麼事，難免都有順利與不順利的時候，難道每次都要把錯誤推給別人來矇混過關嗎？與其把錯誤推給別人，不如利用那些時間盡快找出問題並修正方向，這樣對事情會更有幫助。如果想與對方建立圓滿的關係、有效率地搞定事情，那就應該適當地掌控自己的本能。要是放任不管，眼前的關係恐怕將以不愉快的情緒收尾。

同樣地，此刻受到突如其來的新冠肺炎衝擊，我們需要的是採取順應局勢的態度，根據情況來調整好自己的狀態，而不是把錯誤歸咎於眼前情況，待在原地坐以待斃。

想快點與別人拉近距離
而焦躁不安

Self-Protection

法則／13

刺蝟困境

這是指人們既想要和身邊的人處在一起，
又害怕關係變得過度親密的心理現象。

「銷售新手剛開始常會犯一種錯誤，就是過度靠近顧客；如果是高手，就會保持適當的距離。銷售成功的第一個原則，就是與顧客保持一定的距離。」

在一場大型的銷售溝通演講上，我曾碰到一位銷售達人，並向他請教銷售成功的原動力是什麼。大家都知道，身為業務，就是要盡量與顧客維持親密的關係，但事實上，顧客會對過度靠近自己的業務產生抗拒感。這點不僅套用在業務工作上，在以人為對象的所有領域都是適用的法則。換句話說，如果想要與某個人拉近距離、建立良好的關係，只是一味地靠近對方是行不通的。

J是名大學生，幾乎沒什麼朋友，打工時他遇到了一位讓他非常想親近的朋友。想和對方培養感情的J，雖然頻繁地聯絡對方，經常提出想一起遊玩的邀約，但都沒能如想像中那樣順利地與這位朋友拉近距離，這讓他感到焦慮不已。有時候對方甚至會拒絕J的提議，以「雖然出去玩不錯，但比較想一個人在家休息」為理由回絕。經歷幾次這種情況後，J開始擔心是不是自己的方法錯了。於是，他在講座結束後跑來找我，說明了自己的情況，並詢問該怎麼做才能與別人拉近距離。

「他是不是不喜歡我，所以才找藉口說想在家休息呢？我總是感到焦慮不安，很擔心這段關係無法發展下去。」

「這是很自然的現象，請不要擔心。每個人都會有種矛盾的欲望，一方面渴求親密關係，一方面又希望疏離關係。」

渴望建立親密關係的心情，以及渴望獨處的心情，我們應該要如何理解這兩種情感衝突的現象呢？人們既想要和身邊的人處在一起，又害怕關係變得過度親密，這一點在心理學上稱為刺蝟困境（Hedgehog's Dilemma）。

一八五一年，這個名詞在叔本華（Arthur Schopenhauer）《附錄和補遺》中的「刺蝟寓言」首次出現。當天氣變冷的時候，刺蝟為了取暖會聚集在一起，卻又因為彼此的刺而感受到疼痛；而如果為了減緩痛苦而分開，又會被凍得瑟瑟發抖。就這樣，身上長滿了刺的刺蝟，面臨著進退兩難的處境，既不能與夥伴親近，又無法彼此疏遠。

刺蝟進退兩難的處境也適用在人際關係上。即使是活潑、喜歡與人交際的人，有時也會對突然接近的人產生抗拒感。這是為什麼呢？每個人都有專屬於自己的「房間」，這裡指的並不是實際居住的空間，而是一個不想讓任何人踏進來的內在空間。即使是在與一群人吵吵鬧鬧的瞬間，也存在著想要一個人靜一靜的欲望。無論和朋友們一起度過多麼快樂的時光，這個房間也不會完全消失。因此，如果遇到突然越過這條線、試圖侵入房間的人，就會本能地感到抗拒，想要後退一步。在《論語》中，也談論過類似的內容。

子貢向孔子問道：「子張與子夏誰比較賢明呢？」（師與商也孰賢？）

孔子回答道：「子張做事總是做過頭，而子夏總是不到火候。」（師也過，商也不及。）

子貢反問道：「也就是說，子張比較優秀嗎？」（然則師愈與？）

孔子回答道：「過頭和不足是沒什麼兩樣的。」（過猶不及。）

孔子被問到兩位弟子哪個比較優秀時，回答說「過頭和不足是沒什麼兩樣的」，於是有了「過猶不及」這個成語。不過，如上文所述，在和別人溝通對話時，比起「過多」，「不足」反而是比較好的做法。不管是多麼親近的關係，或是出於不得不拉近距離的關係，都不應該過於急躁。

那麼，在不侵犯他人房間的情況下，要如何輕易與別人拉近距離呢？靠的就是「反應」，也就是對於對方說的話給予「噢！」、「真的嗎？」、「所以呢？」這樣的回饋。如此既不會搶風頭，也可以表現出「我同意你說的話」。此外，稱讚也是個好方法，因為人們受到讚美時，心情就會變好，與對方的距離感也會減少，因此通常可以起到強化關係的作用。

當然，如果做得太過火，也會產生反效果，因為人們很容易察覺到他人是否在奉承或迎合自己。所以說，為了盡快拉近距離，動不動就胡亂稱讚對方，是很可能會有反效果的。

想和某個人建立穩固的關係，就應該捨棄想快速拉近距離的念頭，不必擔心沒辦法和對方拉近距離。這並非說你缺乏魅力，或做錯什麼事而需要加倍努力；而是只要是人，都有一間專屬於自己一個人能待著的房間，偶爾就會想躲進去休息一下。只要做出適當的反應和稱讚，並且耐心等待，原本待在專屬一個人房間的他，或許就會打開門走到外面來。

但是有可能對方很快地又躲進房間休息，此時不必感到太失望，因為這也是自然的事情。你只需享受當下的狀態，持續維持關係就可以了。因人為每個人都是矛盾的存在——懷有想要與別人在一起的欲望，同時又抱持著想要獨處的渴望。

Chapter 4

就從微小的改變開始——提升成果的心理學

盡可能從小目標挑戰，
做任何事都會變得更容易些。

不想再三分鐘熱度了！

Self-Protection

法則／14

意志力

這是一種明確的想法或企圖，能夠支撐自己直到達成目標為止。

「做就對了！」

「只要擁有強大的意志力，任何人都可以成功。」

在心理勵志書上，很容易找到這樣的口號。雖然與過往比起來，近年有些沒落了，但在學校、補習班、企業和各種機構乃至於演講中，依然可以找到類似的口號。

「不管是誰，只要下定決心，就能實現任何事。」聽到這樣的話，我們往往會產生即時的渴望和勇氣。成績後段班的學生會下定決心說：「好，只要從現在開始用功，我就可以考上好大學」；績效不佳的上班族會彷彿覺悟般地說：「達成目標靠的是意志，讓我們以強大的鬥志全力以赴」；聽到別人克服逆境獲得成功的故事時，我們也總是會握緊拳頭說：「連他都扭轉人生了，還有什麼做不到的？徹底改變一下自己吧！」

不過，事情真的只要「做就對了」就會成功嗎？事實並非如此。也許剛開始的前幾天會日復一日地喊著心理勵志的口號，但決心很快就會不了了之，結果就是幾乎沒有發生任何變化。因此，許多被心理勵志口號綁架的人，很容易陷入挫折，並語帶自嘲地抱怨說：「像我這樣馬上就輕言放棄的人，什麼事都完成不了啦！」

一個人能否堅持某件事情到最後，其實和意志力（Willpower）有關。**這是一種明確的想法或企圖，能夠支撐自己直到達成目標為止。**

問題在於，如果沒辦法達成目標，支撐自己的「自我肯定感」也會受到嚴重傷害。根據意志力大師、同時也是美國佛羅里達州立大學教授的羅伊．鮑梅斯特（Roy F. Baumeister）表示，意志力越高的人，自我肯定感也越高；其獲得成長並於社會上取得成功的可能性也越大。

「意志力是對個人和社會都有幫助的品德。意志力可以提升個人的幸福感，讓人好好遵守規則；也提高人與人之間的信任，打造更加適合生活的社會。」

換句話說，意志力越強的人，自我肯定感就越高；意志力越弱的人，自我肯定感就越低。此外，若是覺得自己缺乏意志力，並因此沉浸在失落感中，那麼自我肯定感也會跟著進一步下降，如此形成惡性循環。短期來看，想提升意志力，高喊心理勵志的口號絕不是個好主意；但如果天生缺乏意志力，就只能被迫接受自我肯定感低落的宿命嗎？

我在這裡想消除大家對意志力的錯誤認知。意志力並不是固定的，它不是那種無論如何都能維持在一定程度、永不枯竭的東西；也不像天賦能力一樣每個人生來就不同、永不改變的東西。

我們經常認為，在公司裡大小事都積極參與並取得高績效的上班族，下班後也都能遵守與自己的約定，比如說從事慢跑或努力自我提升等活動，但實際上並非總是如此。意志力如果一直消耗下去，就會在不知不覺間枯竭；所以說，一個人的意志力不可能在所有方面都保持一致。

鮑梅斯特教授觀察了審理囚犯假釋的法官，發現他們的意志力隨著時間的推移而受到消耗。以法官們假釋囚犯的平均率來看，大約每兩人之中有一人出現這個現象。午餐前假釋率只有百分之二十，午餐後卻提高到百分之六十；到了下午傍晚時分則降至百分之十。這是因為用餐後意志力獲得提升，假釋的通過率就比較高；其後的時段，則隨著意志力受到消耗又使得假釋率相對較低。就算是在這種需要以客觀資料為標準來進行判斷的情況下，意志力也沒有表現出一致性。

因此，即便你從前至今，總在制定完目標後就沒能好好遵守，因而陷入挫折感或失去自我肯定感，也不要認為自己是「沒辦法達成目標的人」而感到自責。意志力用得越多，就越容易枯竭。有些人在某些領域表現得相當亮眼，在其他領域的表現就顯得相對平庸。因此，與其拿不可能實現的目標進行意志力測驗，不如從有能力實踐的日常小習慣，開始嘗試發揮意志力。如果不想失去自我肯定感，想為自己帶來改變，那就先試著在日常生活中制定一些小小目標，並擬定出一步步實踐它們的計畫吧！

我曾遇過一位上班族，平時幾乎不太讀書，但他每天都把讀書設為目標，因為他認為透過讀書可以為自己充電，累積知識的時間是不可或缺的。然而，在他反覆加班和聚餐的情況下，就現實來說，這並非易事，他總是撐不到三天就放棄了。這不是因為他懶惰，而是因為當他專注在工作時，就把所有的意志力用光了，沒剩多少可以用來培養新習慣。

我為他開了兩個處方，第一是不要把全部的意志力消耗在工作上。除非是必要的情況，不然就不加班，中午時間也要稍做休息，有意識地把能量保留起來。

第二，把讀書目標制定得非常微小且容易付諸實踐。展開某件事需要的意志力比維持下去更巨大，因此，與其制定每天閱讀一小時、每週閱讀一本書之類的宏偉目標，不如制定像是每天閱讀十分鐘以上這種小小的目標，實現的可能性會比較大；此外，最好選擇簡單好讀、以趣味性為主的書籍。結果，聽說他成功克服了三分鐘熱度的障礙，現在幾乎每天都有閱讀習慣。

不要因為自己常常三分鐘熱度而感到痛苦或折磨，讓我們明智地採取應對措施吧！只要事先把意志力調整到足以放在新事物開啟的狀態，並盡可能從微小的目標開始挑戰，那麼做任何事都會變得比較容易一些。在這段過程中，自我肯定感也會一步一步獲得提升的。

覺得要開始一件事很困難

Self-Protection

法則／15

提問－行動效應

這是當人們被問到是否要展開特定行動時，人們把行動付諸實踐的可能性就會提高的一種現象。

「我開始運動了，但覺得自己馬上就會放棄。」
「今年我想努力讀書，但不知道自己做不做得到。」
「我想順利完成這個計畫，有沒有什麼方法呢？」

每當我們要投入全新事物時，首先浮上心頭的往往是恐懼。因為即便經過多番掙扎、好不容易下定決心開始後，常常還是一下子就放棄了。縱然告訴自己一定要達成目標、非取得成果不可，也總是沒能付諸實踐。

我也不例外。因為習慣邊吃宵夜邊看電視，我曾在短時間內胖了十公斤以上，當時雖然下定決心說：「我一定要在今年內回到原來的體重」、「我要戒掉宵夜，準備健康的食物來吃」、「我要天天運動」，事實上卻很難有所行動。因為我在全國各地排了滿滿的講座行程，很多時候根本回不了家，只能在飯店過夜。

在這種狀況下，不要說減肥，想開始一件全新的事都相當不容易。我曾為了準備新的演講內容，下定決心要抽空閱讀，但過幾天就放棄了，導致對自己的失望感越來越巨大，生活也讓人覺得枯燥乏味。

不過，曾經這樣的我，此刻已經減肥成功，按照自己過去的目標維持住健康的體型；減肥成功後又挑戰了長期閱讀，一路堅持到現在。久未碰面的人看到我都嚇了一大跳，紛紛詢問是怎麼減肥的，我跟他們說，就是靠提問—行動效應（Question-behavior Effect），也就是自我提問法。

這是當人們被問到是否要展開特定行動時，人們把行動付諸實踐的可能性就會提高的一種現象。

美國加利福尼亞州立大學、紐約州立大學、華盛頓州立大學、愛達荷大學的共同研究團隊，曾綜合分析四十多年來有關「提問—行動效應」的研究。

研究團隊曾以大學生為對象，詢問他們當中的一些人：「接下來的兩個月你會堅持運動嗎？」結果回答「是」的人之中，實際上有運動的人占了百分之二十六，遠遠高於沒被詢問者的百分之十四。也就是說，當人們被問到是否要採取特定行動後，他們把行動付諸實踐的可能性就會提高。對於這樣的結果，研究團隊如此解釋：

「這是因為在回答的過程中，我們會出現像是『與人約定』一樣的心理反應。所以如果回答『是』卻沒遵守的話，心裡就會覺得不太舒服。」

根據研究團隊的說法，「提問—行動效應」不只出現在與他人的約定，用在自我提問與回答的時候，也能產生效果。「我一定要採取特定行動」的決心就是一種承諾，透過向自己提問的過程，就能強化決心。

此外，想把決心付諸行動，就需要實踐；而提升實踐能力的方法也不難，就是「提問與回答」。

「你會規律運動對吧？那當然了！」

「你今年會認真讀書對吧？沒錯，我一定會達成這個目標。」

「你可以成功完成計畫對吧？當然！我可以做得很好。」

只要持續向自己提問是否能做好想做的事，並給予肯定的回答，就能提高付諸實踐的可能性。

為了讓生活帶來改變，每個人都會努力創造新的習慣。倘若受到舊習性干擾而難以按照決心實踐，那不妨試著持續進行自我提問，在意識到自己的決心、回答自己做得到的過程中，順利實踐的機率也會有所提升。

怎麼做
才能有效達成目標？

Self-Protection

法則／16

GROW模式

這是一套有效且結構化的教練過程，透過提問來協助人們設定目標和解決問題。

有一位名叫提摩西・高威（Timothy Gallwey）的網球教練，曾經煩惱著如何提升選手們的實力。包括他在內，大部分的教練會在選手失誤時指出問題，並加以督促；若是選手把球打到出界，也常常神經質地拉高嗓門大吼著：「眼睛不要從球上移開！」

高威教練自然也不會放過選手犯下的任何失誤，他會嚴厲糾正；這麼做是希望選手能避免再次出錯，進而提升實力。然而，他發現他訓練的選手們毫無進步。

「這是怎麼回事？難道我這樣糾正選手，只是把他們的興致與意志搞砸而已嗎？我得尋找新方法才行。」

最後，他花了大量的時間，找出具有劃時代意義、能夠真正提升選手實力的方法。*那就是讓選手去發現自己需要什麼改變的方法，只要使用這個方法，選手就能更確實地認清自己的問題並加以改進，實力也會迅速提升。

怎麼開始呢？首先，要設定選手必須達成的目標。舉例來說，如果選手想改善第一顆發球，向教練請求幫助，教練就會拋出以下問題：

「你有看到第一顆發球是怎麼進來的嗎？你自己有沒有注意到，球落在內側和外側時的差異呢？」

此時，被問到這個問題的選手就會意識到，當球掉到內側和外側時，自己在動作與心理上存在的差異。掌握自身問題後，選手會集中火力去改善這部分，最終學會完美地打出第一顆發球。

這個方法不只應用於運動領域，還昇華成適用一般學習的理論。葛萊姆・亞歷山大（Graham Alexander）、艾倫・費恩（Alan Fine）和約翰・惠特默（Sir. John Whitmore）就在這個基礎上加以整理，確立出一套名為GROW模式的教練理論。

這是一套有效且結構化的教練過程，透過提問來協助人們設定目標和解決問題。

當學習者接收到命令或強迫時，因為在意教練講的話勝過當下的學習，能力反而不會提升。反過來說，如果讓學習者把焦點放在眼前狀況，主動去尋找對策，他們的學習成果才能有所提升。雖然這套方法原本是由教練拋出問題，過程中讓學習者能力最大化，但學習者同時扮演教練對自己拋出問題也無妨。

＊被譽為「教練之父」的高威，在其一九七四年被稱作「教練聖經」的著作《比賽，從心開始》中，首創以心理學角度談論運動學。後來更將這套教練方法帶入企業，發展成一套「教練式領導」（Coaching Leadership）的人才培育方法。

心理學小教室

只要四步驟！有效提升成果的GROW模式

這套方法的命名，取自每個主要概念的第一個字母。

G目標（Goal）：問自己「我的目標是什麼？」這是學習者主動擬定中短期目標並具備主角意識的階段。要擬定真正渴望的目標，而不是透過他人或物質獎勵所建立的目標。

R現狀（Reality）：問自己「我現在的狀態怎樣？」如果目標太高，達成的可能性就會降低。要客觀斟酌自己所擁有的時間、能量、學習環境等，掌握此刻的狀態。

O選擇（Option）：問自己「如果想達成目標，有哪些方法可以使用？」盡可能多找出一些方法，並把這些內容製作成清單。

W意願／總結（Will／Wrap-up）：問自己「接下來要做什麼？」拋出問題的同時，意識和身體就會反射性地投入實踐來提升學習能力。

讓我們以「正在準備公務員考試的A」當作範例，試著應用一下GROW模式吧！由於競爭激烈，A埋頭準備考試好幾年，之後很可能會忘了初衷，進而被無力感吞噬，該如何防止這種情況呢？

第一步——**擬定目標**：試著仔細思考、捫心自問，自己投入公務員考試，是看到大家都在準備而盲從，還是真的出於自己的意願？重點在於要找出自己參加公務員考試的明確理由，是為了得到一份穩定的工作，還是想要一個獲得保障的晚年？試著問問自己，然後擬出確切的目標吧！

第二步——**掌握現狀**：檢視一下自身學習的狀況，是否明知學習分量十分龐大，自己卻老是在睡覺？是否因為住在娛樂區，一到晚上就吵鬧不已深受干擾？還是家境困難，無法獲得其他支援？無論如何，都不應該否定或迴避自己的現狀，而是要直接面對。

第三步——**尋找達成目標的方案**：一旦發現妨礙目標達成的障礙物，就務必找到克服的方法。如果是睡眠時間過長，不妨考慮使用鬧鐘，確保自己在規定的時間起床；如果是受到外界干擾，那麼即使要花一點錢，也應該考慮去讀書中心或圖書館；如果是家中無金援，則必須思索如何兼顧打工和學習。

第四步——找到合理方案，並付諸實踐：事實上，光靠鬧鐘是沒辦法輕易減少賴床情形，所以應該尋找更強力、更可行的方案。比如說加入讀書會，或試著和朋友研議，沒在規定時間內抵達讀書中心就要罰款。如此一來，就會產生強制力，迫使自己提早起床，進而投入更多時間去學習。

其他情況也是相同的，要盡可能找出合理而強力的方案，並付諸實踐。這就是讓達成目標這件事變得更簡單、更有效的方法。

明明要保持專注，
卻總是胡思亂想

Self-Protection

法則／17

心流

一種完全沉浸在某件事情上，陶醉於忘我之境的狀態。

「我明明讀了十二小時的書，成績卻沒有提升。」

「我明明很認真工作，連週末都加班，卻沒什麼成果。」

「每到要考試時，我總是分心胡思亂想，不知道該怎麼辦。」

很多人都像這樣，因為無法專注而感到苦惱，明明比別人投入更多時間在工作上，卻沒有顯著成果，簡直就像拿竹籃打水一樣，一場空。

甚至有人去參加準備了很久的考試，卻因為無法集中精神而陷入困境，只要有人發出咳嗽聲，或監考人員發出腳步聲，就會感到煩躁；也有不少人說，因為聽到外面的飛機聲、學生踢足球的聲音，導致他們考砸了。那麼，我們該怎麼做，才能在重要時刻保持專注呢？

有一位朋友的兒子Y，從大學一年級就開始挑戰註冊會計師的考試，但大三時在第二輪考試落榜後，他先入伍當兵；退伍後，他又開始準備考試，一大早就認真讀書直到圖書館關門。他把早上七點到晚上十一點訂為讀書時間，除了吃飯的兩小時以外，每天都坐在專用座位上讀十四小時的書，所以他自認退伍後一定會通過考試。只不過，他始終沒有上榜，畢業後繼續過著去圖書館準備考試的生活。就在接連三次考試都落榜後，他經歷了一番掙扎，最後跑來找我尋求建議。

「如果是說投入的時間，我讀書的時數已經長到其他人無法比了。即便如此，卻還是考不上，真的很崩潰。我究竟是哪裡出了問題？」

「讀書這件事，比起時間的多寡，更重要的是品質。在有限的時間裡，讀書效率如何，才是我們應該留心的。就我而言，比起讀了幾個小時，你更應該重視的是自己有多『專注』；換句話說，你必須在讀書時進入心流才行。」

每個領域競爭都十分激烈，如果想保持競爭力，就必須快速且高水準地處理好工作。然而，究竟要怎麼做才能在短時間內順利完成工作呢？

根據心理學家米哈里・契克森米哈伊（Mihaly Csikszentmihalyi）的說

法，心流（Flow）的意思是：一種完全沉浸在某件事情上，陶醉於忘我之境的狀態。

契克森米哈伊將「心流」這個概念定義為「意識裡充滿經驗的狀態」，當下的感受、渴望、想法等各方面的經驗彼此達成協調，融合為一。

日常生活也經常出現心流，最容易產生的瞬間就是玩遊戲的時候。倘若完全沉浸在遊戲中，就可能聽不到他人的呼喚，也聽不到電話鈴聲，甚至連飢餓感都察覺不到。許多人常常無法把自己和遊戲分開來，兩者融為一體，可以這樣持續好幾個小時。

當我們津津有味看著連續劇時也是如此。當戲中女子試圖報復拋棄自己的男人，跟蹤他並伺機而動的場景，會讓我們頓時忘了瓦斯爐上的熱水正在沸騰，或將其他正事拋諸腦後。

由此可知，任何人在日常生活中，都有進入心流的愉快經驗。所以只要在讀書、辦公、考試等關鍵時刻，把進入心流的那股愉快感發揮出來，效率自然就能獲得提升。

如何在工作中進入心流呢？必須先將工作轉換成容易出現心流的型態。具備以下三種特徵的課題，比較容易產生心流：

- 有明確的目標：比起「我要提高成績」這種模糊的目標，「我要在英文科目上拿到九十五分」這種具體的目標更容易產生心流。
- 有即時的回饋：在每個瞬間都能獲得評價，要檢視自己有無確實進行課題，唯有如此，才不會掉以輕心，可以持續保持專注。
- 目標與個人能力之間有所平衡：如果目標高過自身能力太多，就容易失去興趣而導致放棄。

此外，契克森米哈伊還曾說過：「想順利進入心流，對工作的自發性和自我目的性必須十分明確。」反過來說，如果是受別人指使才做，或為了特定成果與他人評價而去做某件事，則很難產生心流。

艾薩克・牛頓（Isaac Newton）、阿爾伯特・愛因斯坦（Albert Einstein）、比爾・蓋茲（Bill Gates）、華倫・巴菲特（Warren Buffett）等世界級巨擘，其投入的課題都具備產生心流的特徵，配合自發性的行動，方能取得偉大的成果。然而，不是所有目標都具備容易產生心流的條件；而如何輕鬆進入心流，也需要持之以恆的訓練。

心理學小教室

專心不難！輕鬆進入心流的方法

❶ **設定最重要的問題**：解決問題時，優先選擇能產生效果與成就感的事情著手，接著再逐步學習其他所需的相關知識與技巧。

❷ **創造最合適的環境**：尋找或準備好自己最容易進入心流的環境，比方說圖書館或家中。咖啡廳因為有白噪音，意外地也是

容易產生心流的場所。

❸ **規律的運動**：精神勞動引起的疲勞，最好透過簡單的運動來緩解；如果持續處於緊張狀態，心流的程度就會下滑。規律運動幫助我們坐在書桌前，頭腦能以更加放鬆的狀態進入心流。

❹ **多多攝取蛋白質**：一旦進入心流，大腦中的蛋白質就會被消耗；蛋白質下降得越多，心流的品質就越低。因此，適時補充蛋白質是有必要的。

只要試著記住以上這四個方法，並持之以恆地反覆練習，就能在自己期望的情境下輕鬆進入心流，也更容易達成目標。

無法下定決心擺脫父母的安排

Self-Protection

法則／18

自我決定理論

這套理論在闡述，「結果」會根據「參與動機」是內在或外在而有所改變。

「因為母親要我好好讀書，所以我考了全國第一；因為母親要我當醫生，所以我進入醫學系……明明再過幾天就要五十歲了，卻連往後要怎麼活下去都不知道。母親養出了像我這種傢伙，都是她親手造成的！」

這是韓國連續劇《天空之城》裡，「姜俊尚」這位角色憤然脫口而出的一段話。他年近五十卻依然照著母親的要求過日子，在得知自己鑄下不可挽回的大錯後，深刻地悔恨痛哭。他不曾自己做過任何重要的決定與選擇，只是遵循母親預先設計好的路線圖成長，在即將完成當上醫院院長這個終極目標前，他經歷了使人生徹底崩潰的教訓——此時他才意識到，原來自己一直以來都是母親的傀儡罷了。

我們周遭也有非常多像姜俊尚一樣的人。C是一名大學生，他畢業於外語高中，目前就讀韓國第一學府的法律系。他父親是個平凡的上班族，但想提升身分地位的渴望卻比任何人還強烈，最常掛在嘴邊的一句話就是：「因為我這輩子都是受薪階級，所以我希望我的孩子能揚眉吐氣，在社會上有一席之地。」

C也不負父親所望，一路以來都是第一名，但卻在進入大學後才發現，功課比他厲害的同學比比皆是。受到這股衝擊後，成績始終在中下程度的他，假借準備法律研究所考試，投身新林洞的考試村*。然而，他並沒有專心讀書，而是沉迷於平時喜愛的閱讀，就這樣過了將近一年。擔心父親會發現自己只顧著做其他事而沒讀書的C，偶然間聽到我的講座，於活動結束後來找我諮詢。

「我根本就不想碰法典，之所以會報考法律系，也是父親的意思，他說『如果你想成家立業，就必須成為一名法律專業人士』。但我現在不知道自己真正渴望的是什麼，感到很混亂，課業也沒什麼進展。一個人獨處時，我想起自己從小就懷抱的作家夢，但對於未來依然感到很不安……。難道，繼續乖乖地聽父親的話比較好？」

「現在很多人都有類似情形，從小按照父母的要求行事，上了理想的大學後，自我認同感就出現混亂；這是因為從沒正式做過任何選擇和決定，必然會經歷的心理危機。這些人表面上是成人，內心卻和涉世未深的小孩沒兩樣。其實，不管做什麼事，為了過真正有效率的人生，你都應該自己做選擇才對。」

任何事，自己主動去做，與被別人強迫去做，其結果存在著極大的差異。以後者來看，也許可以取得短暫的成果，然一旦從長計議，則往往很難獲致真正圓滿的收穫。

關於這點，**自我決定理論**（Self Determination Theory，SDT）能提供很好的解釋。

這套理論在闡述，「結果」會根據「參與動機」是內在或外在而有所改變。

＊位於韓國首爾冠岳區，是最早期的「考試村」之一。此區補習班林立，住滿了從各地前來首爾投考公務員的考生。

一九八五年，由社會心理學家愛德華・戴西（Edward Deci）和理查・萊恩（Richard Ryan）共同提出的這套理論指出，就算是同一件事，依據自我決定的介入程度不同，結果也會有所差異。

心理學小教室

檢視一下！你的動機屬於哪一種

❶ **無動機**（Amotivation）：完全沒有展開特定行動的意志，實際上也完全沒採取行動，或只是無意間被動執行的狀態。完全沒有自我決定權，也沒能力掌控局面。

❷ **外在調節**（External Regulation）：對特定的行動或任務毫無興趣的狀態。在這個階段，如果缺乏外部因素像是獎勵或懲罰的話，就完全不會著手進行任務；其自我決定程度是外在動機中最低的。

❸ **內攝調節**（Introjected Regulation）：將必須採取特定行動的理由內化成自身意願的狀態。此時，不全然基於外部因素而行動，而是考量他人正面反應後，自行決定是否著手進行任務。常見情況是為了獲得父母或老師肯定，並避免受到責罵而展開行動。

❹ **認同調節**（Identified Regulation）：自我意識到唯有展開特定的行動或任務，才能接納自我存在的理由與價值的狀態。舉例而言，人們意識到唯有認真讀書或拚命工作，才能實現期望的目標；並且也認同這項行動的益處，所以一直努力下去。不過實際上，此時依然沒能力賦予行動本身意義。

❺ **統合調節**（Integrated Regulation）：把特定行動的價值內化成自身一部分的狀態。在賦予任務本身意義的同時，也由此產生樂趣；其自我決定程度是外在動機中最高的。

❻ **內在調節**（Intrinsic Regulation）：展開特定行動時能獲得快樂與價值的狀態。在這個階段，自我決定成為行動的源泉，代表性的例子就是人們為了滿足好奇心，或事物本身相當有趣而主動學習。

根據自我決定理論，按照父母規畫而學習的孩子，其動機屬於外在調節加上內攝調節。因為缺乏自主學習的自我決定，所以感受不到樂趣和意義，與真正的學習產生隔閡。順從、執行父母安排的出路和學習方向固然省事，但「為了學習而學習」的效率往往不太好，未來也容易感到後悔。

不只學習，做任何事都是一樣的。選擇是否就職、是否結婚或工作上的任何考量等等，無論什麼情況，都應該以自己的意見為優先。當然，要自己做出選擇或許令人害怕且茫然，但如果想按照自我意志來過人生，就不能把自己交給外在因素。讓我們追尋意義與樂趣，由自己來決定自己的人生吧！唯有如此，效率才能提升，也不會有所遺憾。

想擁有說到做到的執行力

Self-Protection

法則／19

公開表明效應

這是一種藉由將自己的目標告訴身旁的人，進而促使自己提升執行力，讓目標更容易達成的現象。

每到新的一年，很多人就會擬定新目標。我每年也會思考想達成的目標，並努力實踐；但因為要到各地上課，這個職業的生活模式又不太規律，所以往往很難照計畫走。

幾年前我曾將「出書」作為新年目標，甚至還貪心地定下「寫出暢銷書」這麼具體的內容。然而，每晚要拖著疲憊身軀寫作並非易事，只要坐到書桌前，就一陣睡意襲來；即使寫出一段句子，也沒辦法整合起來。面臨半途而廢的危機，我決定採取特別措施。

「今年我一定會出書，敬請期待！」

「各位，我的書馬上就要出版了，絕對會成為暢銷書。」

這個方法就是跟大家宣傳我的目標。神奇的是，不再把目標只放心裡，而是具體地向旁人宣告後，竟然成功阻止了越來越懶惰的情況。就在那一年，我的第一本書問世了，同時也一舉成為暢銷書。

傳奇拳擊英雄穆罕默德・阿里（Muhammad Ali）也是個例子。當他還是默默無名的選手時，他總是高喊著：「我會成為最強，我是最強的。」雖然媒體都揶揄他是吹牛大王，但事情卻出現意料之外的進展。他接連擊敗眾多明星選手，在一九六二年與前世界輕量級冠軍阿奇・摩爾（Archie Moore）比賽前夕，他誇下海口說「我會在第四回合擊敗摩爾」，結果也確實如此。此外，在挑戰蟬聯四十連勝的喬治・福爾曼（George Foreman）前，阿里也高喊：「為了證明我的偉大，我會在第八回合結束比賽。」結果一如預告，確實在第八回合獲勝。他曾說過：

「我的勝利有一半靠的不是拳頭，而是言語。」

也許有些人會懷疑，把目標告訴旁人真的能產生效果嗎？或者認為達成目標純屬巧合或迷信。事實上，「表明」這件事的確有科學根據。

我成了暢銷書作家、阿里擊敗強大對手，都可說是公開表明效應

（Profess Effect）發揮了作用。

這是一種藉由將自己的目標告訴身旁的人，進而促使自己提升執行力，讓目標更容易達成的現象。

一九五五年，美國心理學家莫頓・多伊奇（Morton Deutsch）與哈羅德・傑拉德（Harold Gerard）為了證明「公開表明效應」，進行了一項實驗。他們把受試者分為A、B、C三組後，要求A組不可跟任何人提及自己的目標；要求B組將目標寫在可立即擦掉的字板上；要求C組把目標寫在紙上，並於簽名後對身邊的人公開。

結果A組有百分之二十四點七、B組有百分之十六點三的人未能達成預期的目標，甚至還修改目標；與此不同，C組只有百分之五點七的人重新擬定目標。實驗還發現，將目標宣告給越多人知道，維持原始目標的機率就越高。

這點與「他人的期待或關心能提高工作效率與結果」的「畢馬龍效應」（Pygmalion Effect）有所雷同。有趣的是，不只是把目標告訴別人有效，對自己宣告也能產生效果。

「我是做得到的人！」
「我一定可以達成目標！」
「我是意志堅強的人，所以一定會完成的。」

像這樣喊話，會產生自我暗示，就有更高的機會達到成果。如果你想實現不容易達成的目標，那麼向身邊的人宣傳一下吧！四處宣揚並散布消息，讓「表明」強化執行力，你將會隨著越來越多人知道你的目標，而越來越靠近你的理想。

Chapter 5

試著更務實地面對現況——克服難關的心理學

冷靜地面對現實，同時又不失去希望的態度，是我們迫切需要的。

覺得人生跌落谷底了

Self-Protection

法則／20

心理韌性

這是當人生跌落谷底時，可以讓你觸底反彈、重新爬起來的能力。

「我又在求職考試被刷下來了，現在連動一根手指都提不起勁。」
「我好怕會因為事業失敗被大家嘲笑。」
「在艱困環境下長大，真的沒有成功的希望嗎？」

這是一個失敗與挫折蔓延的時代。投了超過兩百次的求職履歷表，每次還是慘遭淘汰的待業人士；因為景氣惡化而事業失敗的獨立工作者；在不良的家庭環境中成長而陷入挫折感的人等等。如果反覆經歷失敗和挫折，就會感到越來越無力，內心的盼望也會隨之消逝。

然而，難道沒有自暴自棄以外的方法嗎？難道看不到未來已是既定事實嗎？從結論來說，絕非如此。我並不是要牽強地主張「只要努力，沒什麼是不可能的」，而是實際上即使在最糟糕的情況下，或容易失敗的環境中，人類依然擁有足以克服的能力。

一九五四年，幾位美國社會學家進行了一項十分有趣的研究，他們調查夏威夷的第四大島——考艾島居民的生活。這些人飽受極度貧窮、疾病、毒品成癮、犯罪的折磨，很難有機會接受到良好的教育。這讓社會學家們產生了好奇心：

「難道這裡的居民們都只能過著不幸的生活嗎？有沒有扭轉局面的方法呢？」

他們針對這座島上於一九五五年出生的八百三十三名新生兒進行了追蹤調查。剛著手進行的時候，社會學家們認為，在艱困環境中長大的孩子，有很大的機率會一輩子過著不幸的生活。結果出乎意料，研究對象中，在最惡劣環境下成長的兒童裡，有相當於三分之一的七十二人，長大後迎向了堪稱模範的人生。

特別是一位名為「麥克爾」的學生。他是十六歲日裔母親與十九歲菲律賓籍父親所生下的早產兒；他出生沒多久，母親就離開了人世。如果不良環境必然走向不幸的人生，那麼麥克爾理應成為無法適應社會的人。結果卻不是如此，他不僅從小學開始成績就名列前茅，還在美國大學入學資格考試中，進入全美前百分之十以內，拿到了獎學金並獲得錄取資格。

社會學家艾美・維爾納（Emmy Werner）看到這個結果後，感到十分驚訝，並且開始尋找原因，最後她找到了一項根據，足以為這些獲得成功的孩子們給出共通的解釋，那就是他們都擁有不屈服於逆境的**心理韌性（Resilience）**。

這是當人生跌落谷底時，可以讓你觸底反彈、重新爬起來的能力。

心理韌性指的是一種非認知能力或心靈的力量，即使人生處境跌落至最底層，也能堅強地重新彈起來。心理韌性不全然是天生能力，也可以藉由自我啟發獲得。美國心數學院（HeartMath Institute）歷時二十多年的研究結果，就在科學上證實了心理韌性可以透過階段性的訓練來提升。

心理學小教室

如何鍛鍊強大的心靈？心理韌性三要素

根據《心理彈力：戰勝低潮與逆境，讓人谷底翻身的強大力量》作者金周煥的說法，心理韌性由三個要素構成：

❶ **自我調節能力**：控管自身情緒與衝動的能力。指的是可以控管暴躁的瞬間情緒，以及能夠考量到未來成果而抑制追求快樂的衝動。這必須具備「情緒調節能力」、「衝動控管能力」與「原因分析能力」作為後盾；也必須能夠仔細分析逆境與難關的原因。一旦明白原由為何，就能避免重蹈覆轍。

❷ **人際關係能力**：與身邊的人建立圓滿人際關係的能力。由溝通能力、同理能力與自我擴張能力所構成，是能夠明確表達自我意志、傾聽他人要求，進而讓溝通順利進展的能力。可以站在他人立場發揮同理心，也能認知到「自己與世上所有人相連」這件事實的能力。深刻知道他人不是無關聯的獨立個體，而是與自己一樣的理性存在。

❸ **正面特質**：正面看待人生的能力。由自我樂觀度、生活滿意度

與感恩的心所構成。與凡事以負面觀點看待的人不同，擁有正面特質的人對自我抱持樂觀的態度，並對人生感到滿足，也會發自真心對生活懷抱感恩之情。

最值得注意的是，任何人只要有意識地努力，就能逐漸提升心理韌性。就像肌肉一樣，平時努力培養出強壯的力量，就算跌入失敗的深淵，也可以立即藉由彈性跳到更高的地方。

古希臘偉大的演說家狄摩西尼（Demosthenes）的演說極負盛名，甚至有人說會奪走人們的靈魂。他的演說能力是與生俱來的嗎？不是的，其實恰好相反。出生貧窮家庭的他，沒能接受良好教育，身體也有缺陷——患有嚴重口吃、肺活量較小，光是說幾句話就快喘不過氣，這樣的他是如何成為大演說家呢？

為了訓練口齒清晰，他嘴裡含著小石子，不分晝夜地練習發音；為了提高肺活量，他實行爬坡運動。不僅如此，為了寫出卓越的演講稿，他讀了大量的書籍，並抄寫了無數的名著。

過程中，他還成功克服了想放棄訓練的誘惑。據說他為了戰勝想外出的衝動，故意把頭髮和鬍子剃掉一半。經過這番努力，狄摩西尼才得以重生為傳奇的演說家。

在他身上，我們可以找到心理韌性的三個要素——抵抗誘惑的自我調節能力、與人們圓滿交流、努力獲得他人肯定的人際關係能力，以及就算擁有致命的缺陷，依然願意肯定自己的正面性。

如果你覺得自己的人生因為失敗和挫折而跌落谷底，那麼接下來只剩下重新爬上去的選項了；請試著持之以恆地練習提升自我調節能力、人際關係能力和正面特質吧！相信在努力的過程中，你會培養出堅強的心理韌性，進而蛻變成擺脫了絕望處境、變得更加成熟的自己。

想說服對方為何如此困難？

Self-Protection

法則／21

蘭格實驗

這是一個證實了說服別人的時候，加上適當理由來說明會更有效果的實驗。

D是一位上班族，不久前他跳槽到新公司後，產生了一個新煩惱。那就是他越來越需要親自向別人說明自家產品的優點，有時甚至還得當場把商品賣出去才行。但是過程中他開始懷疑自己的說服力，一旦銷售失敗就會對自己沒信心。因為太擔心該怎麼說話，所以每次要提案時，都會緊張到睡不著，甚至吃不下飯。

承受不了壓力決定離職的他，卻在聽了我主講的公司內部講座後，私下與我聯繫，想諮詢對於此事的做法。我請他先放下辭職的念頭，並給出一個簡單的說服方法，請他試著執行看看。

「說服是一門技術，只要掌握幾種方法，就更容易說服對方。」

讓我們試著比較以下這兩句話：

A：這個夏天我想去國外旅行，這是增廣見聞、累積經驗的大好機會。

B：這個夏天我想去國外旅行，因為這是增廣見聞、累積經驗的大好機會。

兩名大學生正在試圖說服父母讓他們去國外旅行，究竟誰講的話較具說服力呢？乍看下，這兩句話幾乎一模一樣，實際上卻存在著明顯差異——那就是B加入了「因為」來說明理由。這點可以透過**蘭格實驗**（Langer's Experiment）來解釋。

這是一個證實了說服別人的時候，加上適當理由來說明會更有效果的實驗。

哈佛大學心理學教授艾倫．蘭格（Ellen J. Langer）透過實驗證明，說服對方的時候，加上理由會更有效果。研究團隊想調查「因為」這個詞彙的說服力，於是以在圖書館排隊影印的人們為對象進行實驗。研究人員指示演員去接近排隊的人們，並說出特定的台詞。

演員一開始說：「不好意思，我只想印五張文件，請問可以讓我先使用影印機嗎？」經過這樣的拜託後，隊伍裡有百分之六十的人答應了。接著演員換個台詞說：「請問可以讓我先使用影印機嗎？因為我有急事。」多加了「因為」一詞，結果竟然有高達百分之九十四的人答應了請求。

為了進一步調查「因為」帶來的效果上限，研究團隊再請演員以「因為」為開頭說一句沒意義的話，於是演員對排隊的人這樣說：

「請問可以讓我先使用影印機嗎？因為我需要印點東西。」

結果人們的反應如何呢？是不是會生氣地大罵說「你在玩什麼文字遊戲」？令人驚訝的是，隊伍中竟然有高達百分之九十三的人答應了請求。我們該如何理解這神奇的現象呢？《影響力：讓人乖乖聽話的說服術》作者羅伯特．席爾迪尼（Robert B. Cialdini）如此解釋：

「影印機實驗證明了『因為』這個詞彙具備特殊的觸發效果。它之所以帶有說服力，在於人們的日常生活中，總是不斷地強化『因為』與『正當理由』的聯繫。」

如上所示，「因為」的效果十分顯著，這是因為人們通常認為，在「因為」這個詞後面，必定會出現適當的理由。從年幼的孩子、青少年到大人，都有過在「因為」後面搭配適當理由的經歷，以致於只要一聽到「因為」這個詞彙，就很容易自動答應請求。

從現在開始，如果你有不情之請想拜託別人，或有什麼想說服對方的事情，不妨試著積極運用「因為」。

舉例來說，當你不得不在公司忙季請年假時，若稍有不慎犯了一點錯誤，或許就會遭致主管白眼，工作評價也可能下滑。所以最好的方法是，試著以「因為」講述。

「部長，這週五我想請年假，因為家裡有重要的事情。」

只要聽到「因為」這個詞，主管就有很高的機率會認為，你確實有非請假不可的正當理由。

再舉個例子，假設你急著想跟鄰居借熨斗，但一來不是很熟，二來覺得理由不夠充分——因為很急的話找間洗衣店就可以搞定了，所以你難以開口請求。此時，若使用「因為」也會產生效果，讓我們來比較一下：

A：您好，請問可以借一下熨斗嗎？我的西裝皺巴巴的，急著需要熨平，但家裡的熨斗壞掉了。

B：您好，請問可以借一下熨斗嗎？因為我的西裝皺巴巴的，急著需要熨平，但家裡的熨斗壞掉了。

雖然這兩段台詞乍看一模一樣，但在說服力道上卻有很大的差異。當鄰居聽到「因為」這個詞的瞬間，有很高的機率他會認為你有正當理由，從而認定自己應該把熨斗借你。

我不時也會適當地使用「因為」，由於跑遍全國講課，每次回到家時我早已筋疲力盡，所以經常請求丈夫幫忙家務雜事。特別是在一大清早或深夜時，若有事想拜託他，我一定會使用「因為」。

「請幫我倒一杯熱水，因為我搭了好幾個小時的高鐵，現在連去拿杯水的力氣都沒有。」

「今天可以幫我去銀行辦一點事情嗎？因為我要去外縣市演講，白天實在抽不出時間。」

讓我們憑藉「因為」的力量，試著主動出擊說服客戶吧！相信對方會超乎想像地給予你信任，進而把你的話聽進去。當然，這不一定能適用所有情境，但只要對方開始對你產生信任感，你也會跟著產生自信心，自然就能提升銷售成功的機率了。

遭遇挫折後
無法打起精神重新振作

Self-Protection

法則／22

習得的樂觀主義

這是一種認為可以透過反覆學習來培養樂觀態度的主張。

A是一位上班族，因為持續不間斷的倦怠症而飽受折磨；然而，他不是一開始就這樣的。過去每次開會，他都會積極發表意見，實際上也親自負責和推動重要的商業往來。就在接連兩、三筆生意失敗後，向公司提出意見已不再被採納，也只能負責其他瑣碎事務。因此，去公司上班這件事開始讓他感到痛苦，但沒其他具體計畫也難以提出辭呈。同事們即使有類似情況，也能立刻重新站起來，彷彿只有自己癱坐在原地，這令他感到更憂鬱，滿腦子充斥著想放棄一切的念頭。

「我好羨慕那些即使身處艱困情境下，卻依然有辦法保持笑容的人。哪像我只要一發生問題，就想放棄一切。」

實際上，倘若失敗接踵而來，我們往往就會出現倦怠症，對任何事都提不起勁去嘗試。一九六七年，美國心理學家馬汀・塞利格曼（Martin E. P. Seligman）透過二十四隻狗證明了這點。他在三個箱子裡各放一隻狗，A箱是只要狗用鼻子扳動手把，就會停止電擊；B箱則用繩子將手把捆起來，狗無論怎麼觸碰手把也不會停止電擊；C箱則在沒有任何電擊的情況下安裝了手把。將狗兒們放在各個情境中二十四小時後，再重新放置到只要越過障礙物就可以躲避電擊的箱子裡。結果，原本待在A和C箱裡的狗兒們越過障礙物，順利躲避了電擊；而原本待在B箱裡的狗卻一動也不動，直接承受了電擊。透過這項實驗，塞利格曼得出以下結論：

「這是因為原本待在B箱裡的狗，學習到不管做什麼樣的嘗試，都沒辦法躲避電擊的無力感；人類的倦怠也是透過習得形成的。」

不過，塞利格曼由此發展出更著名的理論，就是「正向心理學」。他發現到，如同倦怠是透過學習形成的，樂觀特質也可以藉由學習來獲得。這就是與「習得的倦怠」對立的概念——習得的樂觀主義（Learned Optimism）。

這是一種認為可以透過反覆學習來培養樂觀態度的主張。

任何人都可以透過有意識的反覆練習來培養樂觀態度，這會幫助我們順利克服各種難關和危機情況。大家或許會好奇，自己到底擁有多少樂觀主義的態度呢？以下參考高永健、金真英《幸福的品格》（행복의 품격，暫譯）中的檢視清單，來看看你的心靈現在是接近樂觀主義？還是接近倦怠呢？

心理學小教室

你是一個樂觀的人嗎？樂觀態度檢測

❶ 在朋友的提議下，我們在一個美麗的地方度過假期。朋友與我到那裡的原因是什麼？

A：朋友平時就喜歡走訪美麗的地方。
B：朋友需要休息幾天。

❷ 由我擔任組長的企畫小組在表演比賽中奪得冠軍，關鍵原因是什麼？
A：因為身為組長的我表現很優秀。
B：因為所有組員都拚盡了全力。

第一個問題的情境裡，A比B回答得樂觀。比起認為朋友是出於某種需求才與自己旅行的思維，認為朋友是與自己一起享受樂趣的想法更為樂觀。第二個問題的情境裡，A回答得較樂觀，因為唯有對自己充滿自豪感，才能做出這樣的回答；這不是驕傲，而是身為領導人的責任意識所伴隨而來的自信。

那麼，樂觀主義究竟如何習得呢？根據塞利格曼的說法，日常語言習慣對於塑造一個人的心態至關重要。據說，我們在面對各種情況時不自覺脫口而出的話，大多是在童年和青少年時期固定下來的。這種語言習慣也會影響你對失敗的反應。

「習得的倦怠能迅速消失的人，與持續兩週以上的人，兩者的差異很容易區分。後者往往具有悲觀的語言習慣，導致短期、局部的症狀演變成長期、全面性的症狀。悲觀主義者一旦遭遇失敗，習得的倦怠就會發展成徹頭徹尾的憂鬱症狀；相反地，樂觀主義者就算失敗了，也僅止於一時的士氣低落而已。」

萬一你求職不斷碰壁，應該養成什麼樣的語言習慣？假設不只是一、兩次，而是好幾十次都被拒絕，在身心俱疲下，你可能無意間說出「看來不管我怎麼做都行不通」這種喪氣話。不過，自嘲式的語言習慣往往會直接導致習得的倦怠；想避免這種情況發生，就要培養習得的樂觀主義，最好可以有意識地積極鼓勵自己。

「這次面試，不管發生什麼事，我都是得到肯定的！」

上班族也一樣，如果在人事考核中總是低分通過，許多人經常會發出「就算之後再怎麼努力也一樣」的嘆息聲。此時，如果你想培養習得的樂觀主義，就必須大力地重複正面話語。

「我要把這次當作加強鍛鍊基本功的機會！」

越常經歷失敗和挫折的人，越需要正面的語言習慣。只要擺脫倦怠、擁抱習得的樂觀主義，總有一天可以迎來絢爛的未來；因為，克服難關的機會，往往是留給樂觀主義者。

凡事相信自己做得到，就會成功嗎？

Self-Protection

法則／23

史托克戴爾悖論

這是一種務實的樂觀主義，既能夠直視和承認殘酷的現實，同時又相信自己可以克服這些現實，在未來收穫美好的結果。

「老師，您是因為擁有樂觀心態，所以才獲得成功嗎？」

這是我去講課時常被問到的問題，當然，我的回答是「沒錯！」此時，若是急性子的人就會下結論說：「那我也只要抱持樂觀心態就可以了吧？」所以我總會額外加上但書：

「我確實擁有樂觀的心態，但不僅僅是樂觀而已，我還會很明確地直視當下的處境和現實。剛當上講師的時候，我冷靜檢視了自身難以脫穎而出的履歷和教學實力等，並承認這些不足。但我並沒有就此止步，我懷抱著成為知名講師的夢想，積極放眼未來。換句話說，我擁有的是務實的樂觀心態。」

「樂觀」竟然也有分種類？乍看下或許很難理解，但「樂觀」可以分成不以現實為基礎的「盲目、浪漫的樂觀」，以及以現實為根據的「務實的樂觀」。這兩種思維截然不同，結果也有很大的差異。

比如到了春天，正值流感盛行的季節，此時盲目的樂觀主義者會一副老神在在的反應。

「流感哪有什麼大不了？我是那種天天運動、吃補藥、沒壓力的類型，怎麼會得到流感？那是不太可能的。而且我還有強大的精神意志，能夠戰勝流感。」

另一方面，務實的樂觀主義者則會表現出相對現實的反應。

「我得小心流感才行。首先，盡可能不要去人多的地方，出門回來後要仔細洗臉和洗手，也不可以運動過度。雖然健康的人也可能得到流感，但只要小心謹慎，應該就沒問題了吧！」

這兩個人的身上會發生什麼事呢？當然，前者得到流感的機率會比較大。由此看來，盲目的樂觀主義和以現實為根據的樂觀主義存在著明顯差異——前者不務實，後者則是務實的。

對於正在現實中遭遇危機、苦難和逆境的人來說，需要的是以現實為根據，同時又對未來充滿信心的「務實的樂觀心態」。浪漫到近乎「妄想」的樂觀心態是空泛的，一旦現實和理想有所差異，反而很容易帶來巨大的失望。關於這點，我們可以用史托克戴爾悖論（Stockdale Paradox）來解釋。

這是一種務實的樂觀主義，既能夠直視和承認殘酷的現實，同時又相信自己可以克服這些現實，在未來收穫美好的結果。

這個名詞由管理思想家詹姆・柯林斯（James C. Collins）在《從A到A⁺：企業從優秀到卓越的奧祕》中所提出，書中介紹到詹姆・柯林斯和美國軍官詹姆斯．史托克戴爾的對話。史托克戴爾在越戰爆發時的一九六五至一九七三年之間，與同袍遭到越南軍隊俘虜；爾後無數同袍在戰俘營中死去，他存活了下來，並回到祖國。柯林斯向他詢問倖存的關鍵原因，結果他的回答令人出乎意料。

「那些沒能活下來的同袍，都是什麼樣的人呢？」

「都是樂觀主義者。」

柯林斯一時無法理解。你或許也會感到疑惑，覺得「在絕望的處境下，難道不正是樂觀主義可以發揮最大力量的時候嗎？」事實上，樂觀主義者之所以沒能倖存，是有原因的。

抱持樂觀主義的將士們懷抱著希望，認為自己在聖誕節以前應該就能獲得釋放。然而殘酷的現實卻背叛了他們的期待，直到聖誕節過去了，他們依然沒被釋放。當他們反覆懷抱的希望一再破滅，隨之而來的失望只會越來越深；對未來抱持的樂觀和期待越大，產生的絕望感也只會越巨大。最終他們不但失去希望的火種，甚至連生命都失去了。

與此不同，倖存下來的史托克戴爾描述了自己的「生存祕訣」：

「對於聖誕節不會獲得釋放的情況，我已經做好了準備。沉浸在樂觀主義裡逃避現實，與堅守樂觀主義卻正視現實，是截然不同的兩件事。」

舉例而言，一名在大企業面試中被刷掉上百次的待業人士，他就不需要缺乏現實感、充滿浪漫主義的樂觀心態，因為這反而會引起副作用，致使他扭曲現實問題，甚至將之合理化。

A：我一定要進大企業上班！目前為止的失敗絕對是成功的基礎。

B：我或許進不了大企業，既然如此，也得考慮在穩健的中小企業就職。往後除了大企業，我還要找些優質的中小企業來投履歷。

像在這樣的處境下，A這種樂觀的正面心態只會把情感與能量消磨殆盡，他需要像B一樣，擁抱務實的樂觀主義，好好認清現實，尋找足以改變局面的方法。

再舉例，假設一名挑戰餐廳創業卻接連失敗的主廚，該怎麼做呢？

A：不是有句成語叫「百折不撓」嗎？我還有機會，只要憑藉強大的意志重新挑戰，總有一天一定會成功。

B：因為經濟不景氣，願意消費高價餐點的顧客越來越少了。既然如此，我就把這次當成最後一次的嘗試，如果再次失敗，那麼另謀出路比較好。我應該要考慮去其他餐廳工作，或者轉換跑道去其他行業。

如果你像A一樣，茫然地做著「總有一天會成功」的大夢，那很可能無法往前邁進。假使你已經挑戰好幾次了，卻還是失敗告終，也許就是能力不足，或是有些無法掌握的環境因素。此時，應該暫退一步，開始摸索其他可行的方法，這也是實現夢想最快的方式之一。

待業人士、上班族、獨立工作者、企業家、主婦、學生等等，此時此刻幾乎所有階層的人們都失去了希望，身陷於困境之中。如果想步上充滿希望的道路，我們現在應該抱持的，不是盲目到近乎迷信的樂觀心態，而是冷靜面對現實、同時又不失去希望的態度，這才是我們迫切需要的。只要試著保持務實的思維，為未來做好準備，就能夠存活到最後，牢牢地抓住希望。

受到各種魔咒纏身
而飽受折磨

Self-Protection

法則／24

錯覺聯想

這是一種在彼此無關的現象之間尋找意義、規則和關聯性，並且信以為真的心理現象。

J是一位大學生，雖然在學成績很好，但在求職考試中卻常常發揮不出應有的實力；當年的大學入學測驗也是如此，導致他只能接受遠低於實力的分數。如果是小測驗，因為壓力較小，表現就比較不受影響；但只要是大型考試，他就容易渾身發抖、緊張不已，甚至出現莫名其妙的失誤。

他身陷在一個魔咒——如果沒有順利解開第一題，剩下的題目也會寫不出來。每次考完、檢視答案的時候，才發現可以輕鬆答對的題目，自己卻糊裡糊塗地答錯了。

「如果第一題順利寫出來，我就可以發揮實力，否則一切就完了。」

足球選手S是擁有傑出實力的職業前鋒，只要讓他在球門前拿到球，幾乎都射門。然而，這樣的他也身陷在一個魔咒，那就是罰球的成功率極低。某天，他發現只要對手的球衣是黃色的，罰球就幾乎會失敗。意識到這點後，他越來越無法保持專注，即使對方是實力非常差的球隊，只要球衣是黃色的，他踢球就會失誤。

「現在只要看到黃色球衣，我就會感到不安。即使我認為這都是迷信，但確實出現這樣的結果，所以心裡會覺得不對勁。」

很多人都像這樣遭到魔咒纏身。所謂的「魔咒」，指的是「倒霉的事情、具有不祥徵兆的人或物品」，或是「被認為必然導致某種厄運的事物」。許多知名的體育明星，都有遭到魔咒纏身的經驗。

大家往往也相信，魔咒會影響當天的實力表現；事實上，這根本沒有任何科學依據。關於這點，我們可以用錯覺聯想（Apophenia）來解釋。

這是一種在彼此無關的現象之間尋找意義、規則和關聯性，並且信以為真的心理現象。

這個名詞首見於一九五八年，德國精神病理學家克勞斯．康拉德（Klaus Conrad）在探討「思覺失調症患者在進行妄想性思考會出現的特徵」時所提出。簡單來說，錯覺聯想就是「尋找意義症候群」，經常試圖在沒什麼大不了的日常現象中找出特殊意義的傾向。

舉個例子，有個人把背靠在地板上躺著時，注意到了天花板壁紙上的幾何花紋，接著他開始從中看到某些具有意義的圖案，比如說找到了人臉、動物，或自己珍愛的物品形狀。

相同的道理，但更為極端的例子，就是有人會主張和堅信在雲朵或岩石上，看到了特定神祇的形象。這種例子多與人臉有關，像是距今四十多年前，火星探測器「海盜一號」拍到的火星丘陵照片，就因為與人臉十分相似，而被命名為「火星之臉」，甚至出現與外星人有關的臆測。直到二〇一一年，透過「火星全球探勘者號」拍到的高畫質照片，才終於證實火星之臉不過是一種視覺錯覺。

心理學家伯爾赫斯．法雷迪．史金納（Burrhus Frederic Skinner）曾進行過一項實驗，藉由研究鴿子的行為來解釋錯覺聯想。他把鴿子放進一個箱子裡，食物每十五秒會自動掉落一次，不過必須至少踩踏一次槓桿來啟動。結果，奇怪的現象發生了，有一隻鴿子會向左轉三圈再按下槓桿，另一隻則會持續在原地跳躍直到食物出現為止。

事實上，鴿子向左轉三圈或原地跳躍，與食物的出現並沒有任何關聯，因為箱子被機械性地設定成每十五秒就會掉一次食物；但是鴿子認為自己的行為對於獲得食物產生了影響，所以才會重複相同的行為。偶然在轉了三圈後按下槓桿獲得食物的鴿子，往後就會維持轉三圈；而偶然在原地跳躍的過程中獲取食物的鴿子，則會持續在原地跳躍。

人類也是一樣，當某個行為偶然導致好結果或壞結果的時候，就算兩者並無關聯，也會重複或避免該行為，同時期待獲得相同的結果。假設偶然的行為帶來了好結果，我們就會相信只要執行這項行為，就會產生好結果；相反地，帶來壞結果也會執著於避免該行為。只要像這樣，把自身的行為和結果進行連結，就會出現所謂的「魔咒」。

人類基本上都具有一種傾向，就是會試圖從自然現象中尋找秩序、規則和意義。這種傾向在面臨關鍵大事例如運動選手或考生等人的身上，往往會表現得更加嚴重。因為獲勝或落敗、及格或淘汰的壓力太過強烈，以致於人們會對偶然的現象賦予意義。問題在於，當我們把所有結果都連結到魔咒上，而不是自身實力時，壓力只會變得更巨大。

如果想克服這一點，應該怎麼做才好呢？首先要明白，魔咒是由錯覺聯想導致的負面現象。雖然很多人相信魔咒，但這只是出於不安的心理所形成的迷思罷了。

接著，務必記住，魔咒一定會被打破，畢竟魔咒沒有任何根據，因此必然有被破除的一天。要捨棄迷信，對自己抱持信心；如果有想要克服的魔咒，不妨試著練習，嘗試在相對沒那麼重要的情況下故意違反魔咒。

心理學小教室

解開你的內心枷鎖！四步驟破除魔咒

❶ 尋找與情況相關的外部突發變數，並試著執行看看。
❷ 如果沒發生變化，就再尋找另一個變數，並重新執行。
❸ 反覆執行，直到能夠找出引起變化的變數為止。
❹ 透過找到變化的成因來克服迷信。

換句話說，要把違反魔咒所帶來的不安常規化；只要魔咒被打破一次、兩次，我們就會漸漸發現，自身實力與平日準備，遠比魔咒來得更關鍵。如此一來，就能擺脫成績在重要時刻受到魔咒左右的情況。

正在為了合作不順
而苦惱著

Self-Protection

法則／25

羅伯斯山洞實驗

這是一場藉由樹立「共同目標」來消弭雙方偏見的實驗。

就算聚集一整隊的實力派選手，有時還是沒辦法發揮應有實力。舉例來說，各自活躍於歐洲超級聯賽的頂尖足球員，同時聚集在一個國家代表隊時，因為每個人都具備超群實力，都希望能以自己為中心來進行比賽，結果就容易出現每位球員都想多踢進幾球來證明自己。然而前鋒的位置有限，想擔任這個角色的球員卻不止一個，於是所有人的神經都敏感起來。

「那小子怎麼都只傳球給自己隊友，也要把球傳給我才會進球啊！」

「那小子怎麼每次都想自己一個人帶球射門，真是太自私了。」

最終，即使是一群頂尖選手組成的隊伍，成績也可能很糟糕。

這種情況也經常發生在我們身邊。有次，我指導大學生模擬簡報演說比賽，請他們組隊，有不少實力雄厚的學生聚集在同一個隊伍裡。從表面上來看，這一組實力最堅強，自然成為奪冠大熱門。

然而，結果並非如此。實際上，如果隊伍裡有太多優秀的成員，組員之間就容易發生衝突，或是合不來的情況；甚至有時會出現每個人都想擔任發表者，誰也不讓誰的僵局，最後當然就是無法發揮應有的實力。發表結束後，他們通常會進行這樣的辯解：

「如果那傢伙願意退一步，我們應該就能獲勝了。」

「要是能以我為中心，大家好好團結合作就好了。」

由此看來，一個隊伍只要內部產生了衝突和裂痕，這個隊伍就無法正常運轉；想拿出最佳表現，最重要的就是成員的團結。那麼，該如何打造團結呢？

如果想讓大家團結，最好可以樹立一個「共同目標」；這樣就算在彼此吵得不可開交時，只要出現威脅他們的共同敵人，大家也會開始互相合作。這一點可以透過羅伯斯山洞實驗（Robbers Cave Experiment）來解釋。

美國心理學家穆扎費・謝里夫（Muzafer Sherif）將一群到羅伯斯山洞州立公園參加夏令營的成員分成兩隊，分別取名為「老鷹隊」和「響尾蛇隊」。接著引導雙方對彼此產生敵意，最後兩個班級開始發生激烈衝突。

此時，謝里夫進入實驗的下一階段，要讓這群孩子們互相喜歡對方。他首先要求孩子們參加教堂禮拜、彼此合作、互相愛護，不過這幾乎沒產生什麼效果。

緊接著，是給予孩子們「共同目標」。研究人員故意讓採買食物用的卡車掉進坑洞裡，結果兩個班級沒有絲毫的猶豫，當場就決定攜手合作，把卡車拉了出來——就如同漂流到無人島的人們，為了「生存」這個目標，與合不來的對手互相幫助一樣。由此可知，這種「樹立共同敵人」的方法，可以有效引導處於敵對關係或衝突關係的雙方攜手展開合作。

一段時間過後，重新調查的結果顯示，孩子們紛紛回答自己喜歡上了另一班的人，甚至說最喜歡的朋友就在另一班的孩子，其比例也增加到四倍之多。

這點無論是在職場、家庭、戀愛關係和各式各樣的人際關係中，都有很高的應用價值。同事、夫妻、情侶之間比任何關係還親密、情感也更深厚，但難免存在競爭、猜疑、嫉妒、衝突等負面情感，此時只要提出共同目標，哪怕只是暫時的，也能夠發展成互相合作的關係。

假設公司的一個部門裡，有兩個能力出眾的員工展開了激烈的競爭，導致業務進展出了差錯，這個當下，如果你是主管，就可以藉由共同任務促成兩人友好的契機。

「公司網站中毒了，導致營業額正在下滑。我想請你們兩個負責排除病毒，今年的營業額就靠你們了。」

原本是死敵的兩個人，在解決共同目標的過程中，累積了對彼此的好感和信任，也增加更多攜手合作的可能性。

夫妻之間也是一樣。假設兩人因為先生失業、待在家中時間變長，使得吵架次數變多了，此時先生不妨帶著一顆真誠的心對太太這樣說：

「親愛的，我們還剩下很多貸款，我會趕緊振作起來才能還清。雖然接下來的日子會有點辛苦，但讓我們再忍耐一下吧！」

上述案例中，分別藉由創造「病毒」和「貸款」這兩個共同敵人，來促成雙方合作的契機。在這個世界上，敵人實在是太多了，只要把目光轉向外頭，找到共同目標，你和同事或許就能更加順利地攜手奮戰下去。

Chapter 6

不完美真的沒關係——提升魅力的心理學

性感固然不可或缺，
但培養專屬於自己的魅力才是關鍵。

想要變得性感

Self-Protection

法則 / 26

智性戀

這是一種從對方的睿智形象中，感受到性吸引力和性興奮的現象。

E快四十歲了，是一位科技業的研究員，儘管有渴望結婚的念頭，但他始終沒遇到合適的對象。他是一旦跟對方交往就可以持續很久的人，不過總是因為無法成功展現異性魅力，很少有告白成功的經驗。他體型瘦小，身高偏矮，加上沒什麼時間，只做最低限度的運動，身體健康不算太好。由於興趣較為狹窄，又不善言辭，因此遇到任何人，談論的話題都與自己的興趣有關。和E見過幾次面的人，給予他的評價都像這樣：

「他是個既善良又誠懇的人，但以異性的角度來說，並不會吸引人，我沒有辦法和他交往。」

「他完全沒有性吸引力，缺乏讓人心動的魅力，有點無聊。」

由於「性吸引力」是結交伴侶的重要元素，很多人因此為外貌所苦，在健身中心拚命地想練出腹肌或蘋果臀；也有些人靠整形外科的幫助，修補部分的臉蛋和體態。他們認為這樣做可以增加自信，讓自己在對方眼中看起來更有魅力。實際上，對人們來說，姣好的身材與容易讓人產生好感的臉蛋，確實具有比較強烈的性吸引力。

然而，性吸引力難道只取決於外貌嗎？事實並非如此，還有另一個因素會讓人們從他人身上感受到性吸引力，那就是「智力」。關於這點，我們可以利用智性戀（Sapiosexuality）這個新名詞來解釋。

這是一種從對方的睿智形象中，感受到性吸引力和性興奮的現象。

由西澳大學心理學系吉爾斯．吉尼亞克（Gilles Gignac）所帶領的研究團隊，曾以三百八十三名十八歲至三十五歲的成年男女為研究對象，調查他們在選擇伴侶時重視什麼樣的特質，以及會在哪方面感受到魅力。這份問卷的代表性評分項目如下：

- 當我聽到一個人的談吐充滿智慧時，我會產生性興奮。

●當我在和對方進行足以帶來智力刺激的交談時，我會產生性興奮。

結果顯示，大多數的受試者都希望與富有智識的人經營伴侶關係。更有部分的人表示，自己就是會受到智力吸引而產生性興奮的智性戀（會從對方的品味、智慧等特質感受到性吸引力的人）；此外，智力僅次於「溫柔體貼和善解人意的心」，是人們第二重視的伴侶特質。於是研究團隊得出以下結論：

「根據研究結果，『期待的伴侶特質』與『智商』的關聯性呈指數型曲線（非線性型）。人們對於前百分之十、IQ一百二十的群體表現出最大的好感；雖然對於IQ一百二十至一百三十五這個區間的好感略微下滑，但還是維持在偏高的水準。」

除此之外，印第安納大學教授黛比・赫本尼克（Debby Herbenick）曾說過：

「其實大部分的人都會和伴侶進行智力上的交流。只不過對智性戀的人來說，對方的智力是最重要的考量。」

因此，如果你煩惱自己沒辦法藉由外貌吸引到異性，不妨試著尋找新的替代方案。沒必要不顧自身意願、勉強自己花費大量的時間在外貌上，或硬是去追求和本身不相符的外在魅力。如果出現了喜歡的對象，就讓我們試著創造一段聊得來、充滿知性又愉快的時光來吸引對方吧！

不過，如同為了提升外在魅力而上健身中心的人一樣，想鍛鍊大腦的肌肉，也需要投入時間，讀書就是最基本的。當然，不需要一開始就閱讀難度破表的書籍，只要是對自身有所啟發的內容就可以了。可試著先挑選自己日常生活中重視的議題來閱讀，比如環境、學習和心理相關的書籍；接著簡單梳理一下內容，和自己的意見相互比較，漸漸地就能養成邏輯思考的習慣。此外，也能多多參加一些刺激求知欲的講座。

以前面提及的研究員E為例子來看，當他在聯誼場合上，就可以試著聊聊任何人都會感興趣的智慧型手機。這方面的相關資訊是平時就能準備好的，雖然有點專業，但極具趣味性，只要能夠侃侃而談，讓對方覺得有趣就可以了。切記，難度太高的專業話題可能會讓對方產生排斥感，所以務必拿捏好分寸。

「你說這次新推出的智慧型手機啊，我也很喜歡這個款式！你預計什麼時候換呢？如果你有興趣的話，我想給你看一個非常特別又很方便的內建功能，但好像沒什麼人知道。」

當然，若是不懂裝懂，或對方擺明沒興趣，還一股腦兒地把自己的知識灌輸給對方，這樣的行為就是大忌。因為我們的目標不是炫耀知識，而是要進行「充滿知性又愉快的對話」。

談到戀愛對象的魅力，性感自然是不可或缺的；只不過，「性感的感覺」不僅僅表現於外在層面，相反地，多數人都會在對方的智識面上感受到性吸引力。因此，培養專屬於自己的魅力才是關鍵。

特意製造好感會討人厭嗎？

Self-Protection

法則／27

相似性效應

這是一種當自己與對方的相似度增加時，
好感度會按比例上升的現象。

「在聯誼場合上，我對一個衣服與我穿同樣顏色的男人產生好感。」
「當我看到擁有相同興趣的人，就會莫名其妙地受到吸引。」
「我比較喜歡外表與我相近的人。」

在與某人初次見面的場合上，當對方剛好穿著一件與自己類似的衣服，或擁有相近的興趣、名字和外表之類的時候，就容易對他產生親密感——其實，這種情形並非偶然。人們在各方面有很高的機率容易對與自己相似的人產生好感，包含故鄉、畢業學校、年齡、宗教、喜歡的食物等等。關於這點，我們可以用**相似性效應**（Similarity Effect）來解釋。

這是一種當自己與對方的相似度增加時，好感度會按比例上升的現象。

相似性效應已經透過各種實驗獲得了證明。社會心理學家大衛・懷爾德（David Wilder）曾準備了兩枚寫有不同名字的徽章，要求受試者各自戴上其中一枚，進入標上相同名字的房間。他們坐在被隔板分開的桌子上，不知道旁邊有誰。

接著，有一半的受試者拿到同房的人所提出的意見書，另一半則拿到不同房的。意見書上，寫著一個闖了禍的職員姓名，然後要求受試者判斷此人是否有罪，並決定懲罰內容。

實驗結果顯示，受試者傾向於同意與自己同房的人所提出的意見，反之則不同意。像是如果同房的人提出從輕處分的意見，受試者通常會認同；而不同房的人提出相同意見時，受試者卻不會照單全收，反而還要求施予更嚴厲的懲罰。

不僅如此，受試者對同房的人所提出的意見會深思熟慮，並且記住更多細節；反之則未見。透過以上結果可了解到，光是佩戴相同的徽章、進入相同的房間，這樣的相似性就促成了好感，甚至對判斷產生了影響。

二〇〇二年，在英國格拉斯哥大學進行的相似性實驗中，就針對「外貌相似性對他人的信任度會產生什麼影響」展開了調查。實驗中，研究人員要求受試者和虛擬人物組隊一起玩遊戲，接著觀察受試者如何分配贏得的金錢。其中一組的虛擬人物設定成與受試者外貌相似，另一組則與受試者不相似。

實驗結果指出，虛擬人物與受試者相似的組別中，有三分之二的受試者會將金錢交給夥伴來分配；而不相似的組別中，只有二分之一的受試者會這麼做。透過這個結果可以知道，與自己相似的夥伴帶給受試者更高的信任感。

二〇〇五年，美國聖休士頓州立大學的蘭迪．賈諾爾（Randy Garner）教授也進行了相似性實驗。為了研究名字的相似性會引發什麼效果，他隨機挑選受試者，將問卷郵寄給他們，並要求填好後寄回。然而，他將其中一組的收件人姓名設定成與受試者相似，另一組則是完全不同的名字。結果，兩組產生了巨大的差異——與收件人名字相似的組別，問卷回收份數比起不相似者，多了兩倍以上。對於這樣的結果，賈諾爾如此表示：

「僅僅是名字這種細微的相似性，也足以讓人增加好感。而且，沒有人意識到自己『因為名字相似』而回寄問卷，這意味著「相似」這一事實會在潛意識中對人們產生吸引力。」

這個心理現象在參加求職面試、推銷商品、準備相親等大部分的人際場合中，都能有效地加以運用。假設有一位準備求職的學生要參加某家企業的面試，那麼在面試前，就可以事先拜訪該企業——觀察員工們的服裝，或是調查企業的代表色也是個好辦法。接著在進入面試現場時，盡可能穿上相似風格的服裝。此外，由於面試時通常得穿著正式服裝，所以也建議可以繫上企業代表色的領帶。如此一來，在看到你的瞬間，面試官就有很高的機率會在潛意識裡對你產生正面的看法。

「雖然我是第一次見到這個人，但不知道為什麼，就覺得他像是我們公司的員工，不由得讓人產生好感。」

再舉個汽車業務與客戶碰面的例子吧！假設在過往的接觸中，業務得知客戶經常去打高爾夫球的資訊，那麼下一次見面時，就可以暗示自己也有相同的興趣。

「我也喜歡高爾夫球，但因為沒什麼時間，無法常常去打球。」

如此一來，就有很高的機率能夠取悅客戶，並藉此打開對話的契機。之後只要順其自然地將話題轉移到汽車，客戶通常能夠一如預期，對購買汽車表現出興趣。

最後，再來看看相親的情況吧！如果看到照片後非常傾心、想進一步把握，那最好能事先透過媒人仔細掌握對方的喜好、興趣、風格、職業之類的資訊；接著在相親場合上討論要喝什麼咖啡時，就可以點一杯對方常喝的咖啡，這麼一來，對方大概會脫口而出這樣的話：

「您和我的喜好一樣呢！這個咖啡很好喝對吧？」

此時，應該要乘勝追擊，如果對話的節奏順著咖啡喜好一路聊到興趣，那就可以先表示自己與對方相同的那個興趣。

「我每個週末都喜歡去爬山。」

如此一來，就能繼續提升對方對你的好感，相親成功的機率也會增加。當然，這不是鼓吹你說謊，而是說，假如想在初次見面時提升好感度，一個既簡單、又有效的方法，就是盡量尋找和對方相似的部分並加以強調。

非常害怕在眾人面前出糗

Self-Protection

法則／28

出醜效應

這個理論指出，當一個看起來完美無瑕的人出醜時，反而能增進魅力、提升人們的好感度。

美國有位初次當選的議員，找來當時首屈一指的演說家林肯（Abraham Lincoln）來評論自己的演講。林肯答應了，於是他充分發揮自己磨練多時的本領，流暢地進行了演講；他心裡暗忖，自己簡直完美得無可挑剔。結果，林肯卻語出驚人地說：

「聽起來很棒，不過你以後稍微結巴一點如何？」

看到他一臉詫異，林肯告訴他，比起完美無瑕的演講，帶有幾分生疏的發言會更討人喜歡。這是因為，在講話完美無瑕的人身上，人們往往感受不到親近感；反而在看到一個人偶爾犯了小失誤時，好感度會提升。

關於這點，還有其他類似的例子。好萊塢演員艾爾．帕西諾（Al Pacino）憑藉電影《女人香》獲得最佳男主角獎時，當他登上頒獎典禮的舞台，許多人都屏住呼吸，期待他用華麗的口才發表得獎感言。或許因為當天格外緊張，艾爾．帕西諾是從口袋裡拿出寫著得獎感言的紙條，並用顫抖的聲音讀了出來，這幅情景與他一直以來充滿演技魅力的演員形象相去甚遠；不過，當他讀完最後一句時，現場響起了如雷的掌聲。這可能是因為當觀眾看到好萊塢一流演員在頒獎典禮上戰戰兢兢的模樣，反而感受到親近感的緣故。

我身為心理對話專家，也常常有人來諮詢如何博取他人好感，其中不乏有許多外貌出眾、條件優秀的知名人士。看似擁有一切的他們，為何沒辦法真正從他人身上獲得好感而陷入苦惱呢？

雖然可能有許多原因，但其中之一就是因為「太想要表現出完美的形象，反而無法散發出親近感」。許多人會竭盡全力，試圖在別人面前表現得完美無缺，所以動輒為了一點小失誤而自責不已。

然而，人們往往無法對一個看起來十全十美的人敞開心房，或是流露出喜歡的感覺，因為太完美的人容易讓一般人意識到自己的微不足道，所以人們往往更喜歡帶有一些弱點的人。關於這點，我們可以用**出醜效應**（Pratfall Effect）來解釋。

這個理論指出，當一個看起來完美無瑕的人出醜時，反而能增進魅力、提升人們的好感度。

美國心理學家艾略特．亞隆森（Elliot Aronson）曾進行一項非常有趣的實驗。他讓兩個參賽者進行猜謎遊戲，接著調查觀眾對哪一方產生較多好感。開始前，他先播放參賽者的採訪影片給觀眾看，影片裡一位參賽者從頭到尾的言談舉止都很完美，沒出現任何失誤；另一位參賽者則是回答完相同的問題後，不小心把咖啡灑了出來。

隨後猜謎遊戲開始了，結果發現，每當那個不小心把咖啡灑出來的參賽者答對時，觀眾給予的掌聲更大。對此，亞隆森如此解釋：

「弱點或失誤可以是一種魅力。一個太過完美、面面俱到的人，反而相對地會顯得沒什麼迷人之處。」

請不要誤會，這句話不代表失誤越多，在他人眼裡的魅力值就會越高。而是指在具備完美形象的狀態下，如果表現出些微弱點，失誤就會成為一種魅力。舉例來說，以下四種類型，誰的好感度最高呢？

A：雖然很完美，不過偶有失誤的人。

B：完美無瑕，沒有任何失誤的人。

C：表現平凡，偶有失誤的人。

D：表現平凡，不過也沒有失誤的人。

根據調查結果顯示，好感度最高的人是A，正如前面所觀察到的，如果是一個完美的人，弱點和失誤反而會成為魅力。不過，我們也可以看到後面依序是B＞D＞C，也就是說，這點並不適用於凡事馬虎、一天到晚習慣性失誤的人。

心理學小教室

有這種事情？失誤成為一種魅力

我們之所以會對具有弱點、偶爾犯點小失誤的人產生好感，可以列舉出三個原因：

❶ 表現出失誤或缺點的人，可以讓對方產生一種優越感。

❷ 顯露出弱點的人，給人一種率真的印象，從而產生親近感。

❸ 人們在面對顯露出弱點的人時，比較能夠放下戒心，進而坦白自己的缺點。

我曾擔任購物公司的聲音訓練師，負責對新進的購物主持人進行為期兩年的指導。那段時間裡，我要從基礎開始，一步步傳授他們透過聲音來說服觀眾心理的實戰技巧。由於當時我的其他課程接連獲得好評，自認已累積了一定功力，但在這堂課裡，卻與學員們的相處不太順利。參加訓練的購物主持人們，很多都是前主播或節目主持人，聲音、外貌、口才等條件都十分優秀，早已擁有深厚的基礎實力；再加上他們是在激烈競爭中脫穎而出的，因此對於基礎聲音的訓練，表現得相對消極。

這使得課程的進行十分生硬，效率也不如氣氛融洽時來得那麼高。就在這個時候，我想到了一個好主意，那就是出醜效應。換句話說，我決定故意製造失誤，拉近自己與學員之間的距離。

當天我走進教室，一站到講台邊，就聽到四處傳來陣陣的笑聲。有個人立刻告訴我鞋帶鬆掉了，我一邊笑著說「謝謝你提醒我」，一邊繫好了鞋帶。雖然這只是個微不足道的事件，但在那之後，他們每次看到我都會笑著表示好感；甚至打招呼時，偶爾還會遞上飲料或三明治。當然，他們也開始會個別跑來問問題，或是尋求諮詢，課程反應度也獲得了提升。

我們沒必要因為一個失誤就感到過度自責，或者為了成為完美無缺的人而整天提心吊膽。你可能會覺得自己不是一個完美的人，但事實上僅僅一次的失誤並不會影響到你的評價。不完美的我們為了變得完美，就算時時刻刻擬定計畫、竭盡全力，也會對可能發生的變數感到不安。

想要變得完美的心情，時常會讓我們產生壓迫感。我們需要做的，是承認不完美，然後告訴那個想變得完美的自己：

「沒關係，一切都沒關係，不完美真的沒關係。」

留下好印象的決定性一擊是？

Self-Protection

法則／29

握手效應

這是一種只要握到手，就能提升人們對你的好感與尊重程度的現象。

C是一位老師，正在煩惱該怎麼做才能讓學生聽從指令完成任務，畢竟這也是學校教育的一環。通常的情況是，如果只靠嘴巴下達要求，他們非但不會乖乖聽話，有時還會抗議說「為什麼要叫我去做」。於是C來找我諮詢，詢問有沒有什麼方法既能尊重學生、不會破壞他們的心情，又可以確實讓他們照指示去執行事項。我給出的答案非常簡單，那就是「握手尋求幫忙」。C一臉詫異，我舉了一個範例：

「當你想叫學生撿起丟在操場上的衛生紙時，比起用嘴巴說『請把衛生紙撿起來放進垃圾桶』，先握個手之後再說同樣的話，學生會更加願意配合。這是因為你可以透過握手，贏得學生們的好感。」

關於這點，我們可以用握手效應（Handshake Effect）來解釋。

這是一種只要握到手，就能提升人們對你的好感與尊重程度的現象。

哈佛商學院教授法蘭西絲卡・吉諾（Francesca Gino）曾以企管研究生為對象，進行了一項談判實驗。她先將學生們分成不動產買家與賣家兩種角色，完成配對後，再把他們分成兩個組別；接著要求其中一組先握個手再進行談判，另一組則在沒握手的情況下直接談判。最後出現了非常有趣的結果，握過手的那一組在收益分配和資訊共享等方面，都表現出相對公道的態度。

這個現象同樣發生在其他實驗。這次吉諾教授把受試者分成待業的求職者和雇主的角色，進行了相同的實驗。結果顯示，有握過手的那一組更願意努力在年薪、獎金、上班時間等方面達成共識。

據說，人類互相抓住彼此的手作為問候的「握手」，源自於過去在英國，人們用來表示手上沒武器的行為。因為當時有在左手袖子裡藏武器的習慣，所以是用左手握，且握住的不是手掌，而是手腕；隨著時間演變，最終才以目前的形式普及開來。

握手不是單方面就可以完成的，當一個人伸出手的時候，另一個人也要抓住才能成立。因此即使在握手的當下沒有多想什麼，兩個人也會產生一種互相交流的感覺。

現今世界上大部分的人都認為，握手是一種有禮貌的問候方式，因此，好像所有人都很熟悉握手的方法。實際上，握手也是需要好好理解、多多練習，才能做得好。來看看我在握手時，會特別重視哪些要點。

心理學小教室

這樣握才能握進心坎裡！有效的握手法則

❶ **感受對方的體溫**：只要在各式各樣的場合上，試著與形形色色的人見面握手，就可以了解到，每個人的體溫都不一樣。有人的手很溫暖，有人的手很冰冷，在握手的時候，只要留心這

點，就有助於了解對方的狀態。

❷ **看著對方的眼睛**：我在握手時，一定會從正面凝視對方的眼睛。彼此的手互相抓住，四目相接的那一刻，是一件非常令人心情激動的事情。在那個短暫的瞬間，要盡可能讀取對方的心思，努力傳遞自身的來意。因此，在和對方握手時，時間不可太短或太長，也不可握得太小力或太大力。

我之所以會為看似微不足道的握手賦予意義，是因為我十分了解「握手的力量」，也就是藉由這個動作，從對方那裡獲得尊重和好感的力量。

在走訪韓國各地的時候，我常常會遇到各種機構和企業的負責人，如果遇到課程開始前就來跟我介紹自己是「課程規畫的負責人○○○」，並主動要求握手的人，我自然而然地就會對他產生比較多的好感。因為透過手和眼神，可以感受到對方的真誠；此時，我也會使出渾身解數，努力打造能夠帶來助益的課程。

這種握手效果可以應用在日常生活的各方面。根據吉諾的說法，握手效果運用在孩子的教育上，將可發揮巨大的效果。

「以父母的立場來說，如果想讓為了瑣碎小事而吵架的孩子們和解，不妨就讓他們互相握手。這是有科學根據的，因為握手能夠產生讓彼此尊重對方的效果。」

如果想讓握手效應最大化，父母不妨試著先展示給孩子們看看，從早到晚經常握手的模樣；平常少有肢體接觸的家庭，相信其效果會更加明顯。試著在雙方對彼此有事相求、道歉或和好時，養成經常握手的習慣吧！每次囑咐孩子們做一些特別的事情，要求握手也是個好方法。

可惜的是，近年因為新冠肺炎的疫情，握手這個舉動變得難以實現，明明是最理想的問候方式，能夠創造好感和尊重，此刻卻無法輕易做到。不過，就試著先在家裡與伴侶、孩子實踐一下，如何呢？

握手，不限於特殊場合，或是有什麼事件要發生的時候；握手，是既輕鬆又有效的肢體接觸，隨時隨地都可以進行。如果你想從一個人那裡贏得好感與尊重，不妨主動要求握手，並在握手的時候，一定要感受對方的體溫、凝視對方的眼睛。再難伺候的對象，只要先握過手，就有很高的機率對你卸下心防。

Chapter 7

誠實地與自己好好相處——守護健康的心理學

比起他人的眼光，
不妨多多傾聽自己內心的聲音。

恐慌症要怎樣才能克服呢？

Self-Protection

法則／30

森田療法

這是一種為了消除精神上的痛苦，把注意力集中在一件事物上，拋棄並忘卻其他一切的療法。

「我因為胸口發悶被送往醫院，結果被診斷出是恐慌症。」（金九拉／韓國媒體人）

「我在製作專輯時，必須親自擔任製作人，任何事情都得經過我處理，結果就超出了負荷，導致恐慌症發作。」（宣美／韓國歌手）

他們罹患的精神疾病是恐慌症，為數不清的藝人都患有這種疾病，甚至被稱為「藝人病」。不過，恐慌症在我們身邊也很常見，根據韓國國民健康保險單位公布的資料顯示，二〇一八年被診斷出患有此症的人數將近十六萬，並且每個年齡層的患者都在持續增加中。

據說，這種疾病特別容易發生在地下鐵駕駛員身上。與地面鐵路不同，地下鐵必須不停地在黑漆漆的地下隧道運行，軌道的噪音和牆壁發出的共振聲響會直接傳遞給駕駛員。雖然目前尚不清楚具體原因，但持續暴露於這種壓力下，在某一瞬間出現恐慌症的機率就會上升。

我一位擔任大學教授的朋友P，就曾出現恐慌症的初期症狀。因為她過去長時間待在美國，回韓國後一時難以適應本地文化和大學生活；再加上行程十分忙碌，每天要處理一大堆教學和研究課題，導致她一天到晚都在喝咖啡，嚴重影響睡眠品質。

有次，她搭乘高速巴士前往外地參加發表行程時，在車上敲打著筆記型電腦的鍵盤，為發表內容做最後的收尾；就在巴士開進隧道的那一刻，她頓時感到胸口如刀割一般的疼痛，還直冒冷汗，這個症狀持續到她下車為止。

在那之後，不管是在上課前、在教授研究室準備課程內容時，還是接到邀稿的委託電話、忙著進行文書作業時，都會不時出現類似症狀。出於內心的不安，教授P抽空到醫院，醫生給出了這樣的診斷：

「你目前還處於恐慌症發作的初期，只要盡量擺脫壓迫感，盡可能減少行程，創造內心的餘裕，就可以好起來了。」

原以為只會發生在藝人身上的恐慌症，竟然也可能出現在自己身上，真是令人震驚。P很慶幸症狀還在初期階段，她決定在課堂之間要好好休息，盡量不去想任何事。此外，過去出於想把課程準備得完美無缺的壓力，她就算到了週末也會習慣性地工作，但現在她決定改掉這個習慣，做自己喜歡的料理，享受閒暇的時光。還有，她也決定接納韓國和美國之間存在著文化差異的事實，放下那份試圖迅速適應的念頭。如此一來，隨著內心一點一點地產生餘裕後，壓迫感、緊張感、焦慮感等症狀也逐漸獲得了改善。

恐慌症是由各式各樣的原因引起的，其中又以心理因素影響最巨大。如果壓力太大、工作過度、精神焦慮等因素重疊在一起，任何人都可能會經歷這種狀況。通常一開始恐慌症會先出現發作症狀，當類似的症狀持續出現一個月以上，就會診斷為恐慌症。

心理學小教室

你也有這種狀況嗎？恐慌症代表性的發作症狀

□感到心悸或心跳次數增加

□大量流汗

□手、腳、身體發抖或打顫

□氣喘吁吁或快要窒息的感覺

□胸口感到疼痛或有壓迫感

□感到噁心或腸胃不適

□感到發暈或不舒服，同時產生頭昏眼花的現象

□覺得自己快要當場死掉了

□知覺異常（產生手腳麻痺或刺痛的感覺）

□身體忽冷忽熱

□產生非現實感或喪失自我感（感覺自己像是從身上分離開來）

就算只是偶爾出現上述這些症狀，也不可輕忽，尤其是三、四個類似症狀持續發生時，就應該要懷疑恐慌症的可能性。當然，一定要接受醫師正確的診斷和治療；若很幸運地症狀只有一、兩個，且剛出現沒多久，就可以先憑藉自身的力量來緩解。

我聽完了教授P的情況後，推薦她在暑假期間試著使用森田療法（Morita Therapy）。

這是一種為了消除精神上的痛苦，把注意力集中在一件事物上，拋棄並忘卻其他一切的療法。

森田療法，是由日本精神分析學家森田正馬（Morita Shoma）博士所開發的一種治療方式。據說森田博士從小就患有嚴重的神經衰弱，吃藥也不見好轉；長大後他好不容易考上醫學院，有天父母卻不小心忘了寄學費給他，使得一向悲觀的他陷入了極端的想法。

「難道我被父母拋棄了嗎？反正我連買藥的錢都沒有，與其在痛苦中死去，不如試著將一切拋諸腦後，把注意力集中在學習上就好了。」

如此下定決心的森田，發了瘋似地沉浸在學習中，結果不可思議的是，一直以來讓他飽受折磨的神經衰弱，竟然消失得無影無蹤，森田療法正是以這份經驗為基礎提出來的。這種治療方式也被戲稱為「自暴自棄式治療法」，因為森田療法會要求患者把注意力集中在一件事物上，拋棄並忘卻其他的一切。

森田療法通常為期一個月。第一週會被隔離在一間單人房裡，從早到晚都要睡覺，禁止看電視、講電話、會面，只允許吃飯和上廁所。透過這個過程來培養患者對於活動的欲望。

第二週只能進行撿紙屑、打掃等簡單的室內活動，透過這個過程，患者會開始熱衷於當下正在進行的活動。

第三週可以進行戶外活動，從這個時候開始，患者對生活的熱情會開始湧現。

第四週如果能與人接觸，就可以試著挑戰正常的社會生活。

經此一個月的療法後，多數人會神奇地慢慢擺脫原本折磨自己的精神問題，恐慌症也不例外。

由於教授P的症狀尚處於初期階段，並不需要進行嚴格的控制，只要無所事事地度過幾天後，再慢慢地從一件一件小事開始做起。她說，光是這一點小小的嘗試，就讓她產生了內心的餘裕。

很多人不時就會感到心悸或產生壓迫感，第一時間要嘗試的最佳治療方式，就是不要受到它的束縛。如同森田博士把注意力都集中在學習上一樣，專心致志地做一件與煩惱無關的事情，除此之外的一切都盡可能不要去管。只要專注在眼前的事物，就會逐漸忘記那些折磨自己的情緒。

克服了恐慌症的媒體人金九拉曾說：

「有些人，只要車子開到首爾奧林匹克大路往盤浦那一段，恐慌症就會發作；也有些人，只要經過隧道就會發作。恐懼的原因百百種，所以我們大可不必在意。」

不敢想像
寵物離開人世的那一天

Self-Protection

法則／31

喪寵失落

這是一種當寵物因為事故或衰老而離世時，人們所產生的憂鬱感和失落感。

「孩子離開人世時，我感到頭暈目眩，整個世界變得黑漆漆。」

「埋葬孩子的時候，我哭得很淒慘，哭到連呼吸都有困難；一想到要獨自活下去，就覺得好累。」

「不久前，我把一個孩子送到天堂去了。實在是太煎熬了，不知道該如何應對才好。」

上述是網路心理諮商社群上的文字，寫下這些內容的人，是基於什麼原因而承受著如此沉重的精神痛苦呢？也許你猜到了，那就是寵物的離世。從「寵物」這個名稱可以看出來，它不只是單純的動物，而是更接近與人們共同生活、呼吸，一起活下去的夥伴。

因此，如果有天寵物突然停止了心跳，我們必然會受到十分巨大的衝擊，彷彿家人或朋友離世一樣的痛苦。據說尤其是女性，在寵物離開人世時，往往會感受到與孩子逝去相似的衝擊。

韓國寵物數量以等比速度在增加，截至二〇二〇年為止估計有一千萬隻。考量到寵物壽命大部分比人類短，由此就可推算出有多少人可能會因為寵物離世而感到痛苦。這點在精神醫學界被稱為**喪寵失落**（Pet Loss Syndrome）。

這是一種當寵物因為事故或衰老而離世時，人們所產生的憂鬱感和失落感。

這是一種絕對不能忽視的心理狀態。因為當主人遇到寵物離世時，平均會經歷二到三個月的極度悲傷和痛苦，甚至還有人會持續一年以上；假如情況更嚴重的話，這份衝擊還可能導致自殺。根據精神科醫師的說法，由寵物離世引發的悲傷，就與其他死亡一樣，都會讓人經歷「面對死亡的五階段」。

心理學小教室

不能忽視！喪寵後的心情變化五階段

第一階段的否認現實：無法接受寵物驟然離世的狀態，會試圖去忘記或否認現狀。

第二階段的憤怒：在承認寵物離世後，會立即產生憤怒，感到生氣是對於難以承受的衝擊所形成的反應。

第三階段的罪惡感：把寵物的離世歸咎到自己身上，從而產生罪惡感，責備自己對寵物的離世無能為力。

第四階段的失落感：失去寵物的孤獨和失落感浮現，甚至可能會因此出現憂鬱症。

第五階段的接受：經過一段時間後，準備好接受寵物離世的狀態；唯有如此，才能對寵物產生悼念之心。

也許你可能不願意承認，但我們總有一天要面對寵物離世的事實，特別是，如果寵物在你沒任何準備的情況下離開，這個衝擊帶來的精神痛苦必定更為巨大。

因此，最好可以記住以下五點應對方式，提前做好準備。

第一點：準備好面對死亡。以小型犬來說，根據不同品種，平均壽命為十到十五年左右，比人類短得多。因為遲早要面對寵物離開人世的情況，所以需要提前做好迎接寵物死亡的準備；我們要記住，總有一天要分開的。

第二點：從身邊的人們獲得安慰。寵物離世帶來的失落感十分巨大，但就像家人或朋友過世時，會從周圍親友的安慰中獲得力量一樣，如果想克服失落感，不妨積極尋求朋友們的安慰或支持。

第三點：紀念儀式與物品製作。最近有不少寵物專門的殯儀館，在送走心愛的寵物時，不妨充分保留追思的時間，或是製作專輯與影片。此外，如果你願意，也可以製作「紀念寶石」（Lucete，用寵物遺骨製作的紀念用寶石）等等。

第四點：慢慢整理寵物的痕跡。如果因為想趕快忘掉，就立即銷毀這些物品，反而會因此產生莫大的失落感。不妨慢慢整理這些物品，讓自己有足夠的時間來回顧與寵物的回憶。

第五點：領養其他寵物。到這個步驟時，一定要空出足夠的時間，同時避開相同品種。你也許會想領養類似的毛小孩，但寵物珍貴的價值或許會因此受到損害。因為你可能會認為動物就像物品，隨時可以找其他東西來代替；也可能會因為領養後發現和原本的毛小孩性情截然不同而感到失望。領養最好要慎重，盡量朝著和以前不一樣的方向來進行。

我們必須從失去寵物的失落感中走出來。過去看著寵物時，你總是傾注滿滿的關愛，擔心牠有沒有生病、肚子會不會餓、現在的心情怎麼樣；甚至在最後一刻，你大概也在煩惱「我可以做些什麼來緩解牠的痛苦？」讓我們試著回想一下，那個為了寵物而付出努力的自己吧！你的寵物應該也會希望你不要再感到抱歉、能夠重新找回幸福才對。

要送走宛如家人般一直陪伴著自己的寵物，確實是一件十分艱難的事情。不過，就讓我們一起回顧美好的回憶，勇敢地戰勝這件事吧！

無法克制地追求極端的身形外貌

Self-Protection

法則／32

阿多尼斯症候群

這是一種男性過度執著於外貌所出現的強迫症或憂鬱症。

K是一位三十歲出頭的保險業務員，因為職業的關係，他需要與很多人接觸，並在短暫的會面中迅速說服客戶，因此他開始注重自己的外貌打扮。起初只是做點簡單的皮膚保養，不過從某天起，他開始接觸彩妝，甚至覺得自己的眼神太銳利、缺乏可信感，還跑去做了眼部整形手術。他總是穿得很講究，西裝、眼鏡、皮包等物品都是名牌貨；也非常注重體態，因為嚮往像模特兒一樣削瘦的身材，所以一年到頭都在減肥。

他認為，唯有將外表打扮得光鮮亮麗，顧客才會信任自己，也能帶來好感。起初他對自己外觀上的轉變感到相當滿意，但隨著時間的流逝，又出現了其他問題。自從他在臉上動了一刀後，也開始渴望透過整形手術來調整鼻子與嘴唇。而且無論再怎麼減肥，依然不太滿意自己的身材，甚至開始購買各種減肥輔助產品。然而，越是修飾外貌，他反而越沒自信。正好K上班的保險公司舉辦了由我主持的銷售溝通講座，結束後他來找我諮詢煩惱，我對他說：

「越是執著於外貌，自我肯定感只會越低落。」

關於這點，我們可以用阿多尼斯症候群（Adonis Syndrome）來解釋。

這是一種男性過度執著於外貌所出現的強迫症或憂鬱症。

先讓我們來了解一下「阿多尼斯症候群」這個名詞是如何誕生的吧！

在希臘羅馬神話中，愛情女神阿芙蘿黛蒂非常疼愛一位相貌出眾的青年阿多尼斯，所以總是把他留在身邊，對他低聲傾訴自己的愛意。有天，阿芙蘿黛蒂對阿多尼斯說：

「你外出打獵時，千萬不要去追趕猛獸，一定要提防猛獸的攻擊，我好擔心猛獸會傷害你。」

戰爭之神阿瑞斯得知阿芙蘿黛蒂非常疼愛阿多尼斯後，因為嫉妒阿多尼斯，便虎視眈眈地尋找除掉阿多尼斯的機會。有天，趁著阿芙蘿黛蒂前往賽普勒斯島，阿多尼斯進入森林要打獵的時候，化身成野豬的阿瑞斯便現身攻擊他，導致他當場身亡。阿多尼斯因為阿芙蘿黛蒂的愛意而慘遭殺害，阿芙蘿黛蒂為此感到哀惘，於是讓他流出的鮮血綻放出花朵，是為「風之花」，又名「銀蓮花」。

時至今日，許多年輕男性都像阿多尼斯一樣美麗，甚至有不少男性會化妝、做整形手術，非常積極地追求自己的外在美。更有不少人雕塑身材不只是為了健康，而是為了獲得外在的肯定。

事實上，長相英俊、打扮時尚的男性在社會上的確較具競爭力。舉例來說，求職面試時，比起一個鬍子黝黑的人，一個長相端正、皮膚白淨的男性往往看起來更有魅力。此外，時尚也是不可忽視的好感加分關鍵，佩戴高級飾品、身穿名牌貨的男性，經常比其他男性獲得更多關注。

二〇〇一年，哈佛大學醫學院教授哈里森·波普（Harrison G. Pope）

在《猛男情結：男性的美麗與哀愁》這本書中，第一次使用了「阿多尼斯症候群」這個出自神話的名詞。他研究了美國人氣動畫《特種部隊》（*G.I. JOE*）的公仔與廣告中的男性模特兒形態，如何隨著時代而變化。

首先，他觀察《特種部隊》的公仔。一九六四年以普通體格亮相的這些公仔，在進入一九九〇年代後，就變成了腰圍七十四公分、臂圍四十一公分這種與健美選手一樣充滿肌肉的身材。

接著，比較了出現在廣告裡的模特兒。一九六〇年代人氣雜誌上的男性模特兒中，露出胸膛的不到百分之十，但到了一九八〇年代，這個比例卻增加到三倍以上。透過這兩項調查，他得出一個結論：

「身材變得跟健美選手一樣的《特種部隊》公仔，展現出一九九〇年代的男性們對體型的幻想，由此可知當時的男性們偏愛充滿肌肉的身材。此外，肌肉男在廣告中大量曝光後，又有更多的男性認為充滿肌肉的體格才是理想的身材。」

他還揭露，雖然美國國內有三百萬名以上的男性擁有正常體型，卻因為頻繁接觸媒體與逐漸提高的標準，很多人都陷入了「身材還不夠好」的想法，開始執著於外貌。

儘管注重外貌並非壞事，但如果勉強自己去迎合外貌至上的社會標準，那麼不管怎麼打扮自己、塑造帥氣的形象，都很難獲得自我滿足。反而會在與知名藝人比較的過程中，漸漸陷入一種自卑情結，導致會透過瘋狂的整形手術、過度節食、超量運動來破壞自我身心的安定；這個危害還可能導致精神和肉體受到各種疾病的折磨，難以過上正常的生活。雖然外貌至上主義的危害也適用於女性，但男性往往比較慢才意識到自己有阿多尼斯症候群這個事實。既然如此，如果想避免陷入阿多尼斯症候群，該怎麼做才好呢？

第一步——治癒內心的自卑感：換句話說，就是要提升自我肯定感。

自卑感越強烈的人，就越執著於外貌，並會試圖掩蓋這一點。因此，如果想防止自己對外貌的過度執著，最不可或缺的，就是對自身的肯定感。

第二步——**不盲目追逐別人定義的外貌標準**：每個人的體型都不一樣，長相也是形形色色。如果無視這點，以明星的外貌和身材當作絕對標準去模仿，當然會討厭自己不完美的樣子。

第三步——**提高自我肯定感**：如同前面提到的，自我肯定感越低落，對外貌的執著就會越嚴重。我們應該做的，就是客觀地審視自我肯定感低落的自己，努力擺脫完美主義。比起他人的眼光，不妨多多傾聽自己內心的聲音。透過書寫「感謝日記」和「肯定日記」，記錄一天內發生哪些值得感謝的事，將有助於提升自我肯定感。

對自己當下獨一無二的外表，我們應該抱持肯定和愛惜的態度——你原本的樣子，就是最完美的。

明明是生氣和悲傷，卻不由自主地微笑

Self-Protection

法則／33

微笑面具症候群

這是一種背負著任何時候都要保持開朗的壓力，導致無法正常表達悲傷和憤怒等情感的狀態。

J是一位二十幾歲的女性，在百貨公司上班，每天都努力保持開朗的笑容，尤其是接待客人時，更要擺出燦爛笑臉。就算客人亂發脾氣、挑剔嫌棄，或是說話無禮、一直試穿沒有要買的衣服，甚至是把信用卡啪地一聲甩在收銀台上，她都微笑以對。即使遇到加班、被要求在週末出勤，她也是笑著乖乖上班。

她在社群軟體上也是如此，再怎麼辛苦、狀態再怎麼糟糕，她也是上傳「我做得到！」、「今天我也有認真上班！」之類的正面話語和微笑照片。身邊的人看到這般模樣，都紛紛稱讚她「妳的個性好正面」、「妳看起來每天都充滿好事，好羨慕妳」、「託妳的福，我的心情也變好了」。

收到這樣的回饋後，她露出了更加燦爛的笑容。但不知從什麼時候開始，一股深深的憂鬱感向她襲來，讓她難以入睡，食慾也驟然下降。身體變得疲憊不堪的她，找到了剛在某某百貨公司演講結束的我，並傾訴了自己的煩惱。當時她依然保持微笑，不由得讓人懷疑她是否真的有煩惱。結束與她的商談後，我提出了這樣的建議：

「妳的情況可以用『微笑面具症候群』來解釋，這種症狀經常發生在每天都需要保持微笑的服務業人員身上。如果一直壓抑自己的情感，沒辦法好好宣洩，就可能會產生心理上的問題。」

不只服務業，包含一般上班族在內，很多人其實都患有微笑面具症候群（Smile Mask Syndrome）。

這是一種背負著任何時候都要保持開朗的壓力，導致無法正常表達悲傷和憤怒等情感的狀態。

微笑面具症候群由日本精神科醫師夏目誠（Natsume Makoto）首次提出，他針對服務業女性進行了調查，結果發現，為了在職場上獲得穩定的雇用，很多女性會保持燦爛的笑容，即使沒人要求她們這麼做。因為她們認為，不管多麼辛苦、面臨多麼不愉快的狀況，為了繼續留在職場並獲得肯定，就要時時刻刻表現出積極的一面。不過也因為這樣的想法，參與調查的很多服務業女性都飽受憂鬱症、失眠症、食慾不振、情慾低落、無力感等心理問題的折磨。

微笑面具症候群在需要與他人頻繁接觸的職業類別身上特別常見，比如說電話行銷員一類的服務業和藝人等等，不過，一般上班族也有不少人會出現相同症狀。根據某個入口網站的調查顯示，在一千個上班族之中，有大約百分之四十一的人患有微笑面具症候群。上班族患有微笑面具症候群的首要原因，就是工作量過多（百分之四十一點五），其次分別是與同事或主管間的溝通不良（百分之二十五點四）、個人性格（百分之二十四）、健康管理不佳（百分之二十三點九）、上班時間過長（百分之二十一點七）、上下階級嚴明的組織文化（百分之二十一點一）、業績壓力（百分之十九點三）等等。

實際上，很多人習慣強顏歡笑，即使在令人不舒服的環境或條件下，為了給人留有好印象，會下意識地堆起笑容，相信每個人都有過幾次這種經驗。只要不重複或演變成習慣，其實也沒什麼大礙，問題就出在程度太嚴重的時候。不妨利用以下的診斷項目，檢視一下自己有多少微笑面具症候群的跡象；如果打勾的數量不少，就有必要抽出時間客觀地審視自己的情感。

心理學小教室

檢視一下！你也戴上微笑面具了嗎？

- □ 難以表達自己的情緒
- □ 對未來感到悲觀
- □ 總覺得自己好像是所有壞事發生的根源
- □ 會莫名其妙地感到悲傷
- □ 對每件事都缺乏熱情

□獨處時會感到煩躁或怒意
□展現給別人看的樣子和獨處時的樣子截然不同
□時常擔心會得罪職場主管而焦躁不安
□難以拒絕別人的請求，就算心情不好也會微笑以對
□在意別人的心情勝過自己的，因而總是感到不安

如果你在以上項目中符合五個以上，而且在日常生活中受到無力感和失眠症所苦，那就要懷疑患上微笑面具症候群的可能性。

事實上，我也曾因微笑面具症候群而經歷過一場混亂。身為一名必須站在眾人面前的講師，即使狀態不好，或在課程中遇到什麼不愉快的事，也得繼續保持笑容。因為我認為，如果想讓學員們獲得滿足感，就不應該表現出負面情緒。

結果有一天，當我觀察鏡子裡的自己時，發現了一個奇怪的地方。怎麼我在生氣和悲傷時，還在微笑呢？這看起來根本不正常。與此同時，我

仔細一想，才意識到自己逐漸被無力感籠罩了。

我認為自己屬於微笑面具症候群初期，因此決定坦然面對情緒。當然，在面對上百人的大型演講中，不可能隨便發脾氣或流露悲傷情緒，但在必要的情況下，我不會再選擇隱藏，而是開始以某種輕鬆的方式把情緒表現出來。

「麻煩各位一定要專心！我真的很擔心大家是否有在專心聽。」

「你上次明明跟我約好，要完成所有功課再過來的。我想老實跟你說，我感到非常失望和難過。」

自從試著在上課時稍微表達出自己的情緒後，我在日常生活中與他人相處時，也開始學會自然地流露情緒，無力感就漸漸消失了，也逐步找回活力。如果你也受微笑面具症候群所苦，該怎麼做才能消除症狀呢？以下介紹兩種最簡單的方法。

第一種——努力把自己平時的情緒表現出來：不要把情緒限縮成只有「快樂」和「生氣」這兩種，讓我們練習用各式各樣的語言將情緒表現出來吧！剛開始或許會有點尷尬，難以用具體的詞彙來定義自己的情緒，但只要停止壓抑快樂、幸福、滿足、羞愧、驕傲等多樣的情緒，並試著將它們表現出來，就能體會到自己擁有各式各樣的情緒。如此一來，即使沒有保持微笑，你也不會因此感到不安。

第二種——書寫情緒日記：試著把內心湧現出來的情緒直接表現在日記裡吧！換句話說，一個人獨處時，可以把日常生活中一直壓抑的情緒寫在紙上。像這樣間接地將情緒表現出來，之後在他人面前也能慢慢學會表達自己的想法。

沒有保持笑容不會毀損你的價值，就算偶爾感到失望和生氣，相信別人也會接納真實的你，不會因此貶低你。雖然不容易，但讓我們試著一點一滴地把情緒表現出來吧！如果覺得有困難，那麼，先從間接地委婉表達開始吧！

什麼方法都試過了
還是輾轉難眠

Self-Protection

法則／34

自律訓練法

這是一種自律治療方式，可以透過放鬆身心的暗示來治癒身體和心理上的問題。

Ｂ是一位四十幾歲的上班族，不久前他開始受失眠症折磨。因為Ｂ連續好幾次在升遷審查中被刷下來，轉眼間，一些同期的同事已經升上部長了，也有些同事退休後轉換跑道去其他行業上班；他覺得好像只有自己處在一個不上不下的位置，內心有苦說不出——不知何時會被開除，就算毅然決然離職，也沒什麼更好的打算。

受困於這樣的處境，下班回家後，即便他想睡覺也無法輕易入眠，腦海中充斥著對於黯淡未來的擔憂。輾轉難眠之際，不知不覺就到了天亮。

「直到黎明我也睡不著，真的覺得很累。」

「因為一直醒過來，所以總是很疲憊。」

「因為失眠，所以我常常喝酒，很擔心這樣下去，會不會酒精成癮？」

許多人和上班族Ｂ一樣，因為睡不好而受盡煎熬。白天要做的事堆積如山，等到夜晚躺到床上時，卻陷入毫無意義的思緒裡，沒辦法一覺到天亮。像這樣飽受折磨的狀況，很多人正在經歷。

多數人以為失眠症跟自己無關，事實上很多情況都屬於失眠症，例如需要十分鐘以上才睡得著；或者明明還不到起床時間，一大清早就醒過來且難以再次入睡；以及無法進入深度睡眠，過程中翻來覆去等等，都算是失眠症狀。根據統計，在韓國每五個人之中，就有一個人患有失眠症。

其實，失眠症引發的問題不僅僅是睡眠時間不足，還有在沒獲得充足睡眠的情況下，一整天堆積在體內的疲勞和毒性物質無法順利排出。當我們在睡眠中，大腦會整理和儲存一天下來接收到的資訊，並產生「重置」的現象，以便隔日接收新的資訊。所以，如果這些工作無法正常進行，就會時常在疲勞中垂死掙扎。

如此一來，無論你在辦公桌前坐了多久，工作效率都不會獲得提升。如果是需要與許多人接觸的銷售員，就得花費很大的力氣才能理解對方講的話，並給予正確的回應；如果是在工廠製造產品的藍領階級，就有很高的機率會出現失誤；如果是家庭主婦，就可能變得較為神經質，甚至與孩子們發生衝突；如果是學生，就算花相同的時間讀書，掌握內容的效率也會下降。

此外，還有研究結果顯示，嚴重失眠症會導致腎臟功能衰退，死亡風險率上升高達一點四倍。因此，我們第一步要做的，就是不要小看失眠症，認為它只是單純的「睡不著覺」；而是應該將失眠症視為一種嚴重的疾病。

人們經由各式各樣的原因得到失眠症，其中最具代表性的原因，就是壓力。我在鄰里聚會上認識的家庭主婦Y就曾表示，自己到了晚上就算鑽進被窩裡，也會因為憂慮和不安而難以入眠。她苦惱地說，自己在與「我應該要睡覺」的壓力纏鬥之際，就過了三、四個小時，直到黎明時分才好不容易進入夢鄉。後來她被精神科醫師診斷出失眠症，來詢問我有沒有什麼好辦法，我向她介紹了一種可在家中實踐的睡眠法，也就是自律訓練法（Autogenic Training）。

這是一種自律治療方式，可以透過放鬆身心的暗示來治癒身體和心理上的問題。

「冥想、呼吸和祈禱對放鬆身心有莫大的幫助，這套自律訓練法能有效放鬆身心，而且隨時隨地都可以輕鬆實踐，對治療失眠症也能發揮作用。只要每天付諸實踐，就可以收穫很好的效果。」

這是一九三二年由德國精神科醫師約翰尼斯・舒爾茲（Johannes H. Schultz）設計出來的治療方式。他曾進行過一項實驗，在引導一位手工業的師傅進入催眠狀態後，把硬幣放在他的手背上，並給予了「燙」的暗示；接著取下硬幣，把師傅從催眠中喚醒。

結果兩個星期後，奇怪的事情發生了。師傅跑來找他說：「你看這裡，我的手背上起了水泡，但是一點都不會痛。」藉由這個實驗，舒爾茲了解到，透過暗示，師傅實際體驗到了「燙」。後來舒爾茲再次讓師傅陷入催眠狀態，這次給予了「手背會恢復原狀」的暗示，結果出現在手背上的水泡馬上就消失了。於是他以此為契機，提出了可以自行實踐的自律訓練法。

就讓我們試著從準備階段出發，按照順序進行五階段的自我暗示，引導自己輕鬆進入夢鄉吧！

準備階段：我的內心很平靜。
第一階段：我的右手臂很沉重。
第二階段：我的雙臂很沉重。
第三階段：我的雙臂和雙腿都很沉重。
第四階段：我的四肢又沉重又溫暖。

在**準備階段**，你可以舒服地躺在床上，一邊給予自己「我的內心很平靜」的暗示，一邊讓身體放鬆；隨著內心開始平靜，就可以慢慢集中注意力，直到感覺意識逐漸沉澱下來為止。接著進入第一階段，可以把注意力集中在右手上，口中一邊唸著「我的右手臂很沉重」，一邊感受那股重量。第二階段把注意力集中在雙臂上。第三階段則把注意力放在雙臂和雙腿上，階段性地感受那股沉重。最後第四階段，可以一邊唸著「我的四肢又沉重又溫暖」，一邊感受那股沉重與溫暖。這樣就是一次安定心靈、誘發睡眠的完整流程。

剛開始或許不太容易，但只要熟練，就可以實際體驗到一如自己口中所說的「輕鬆」、「沉重」、「溫暖」，因為大腦會被自己說出來的話給欺騙了。如果你是因為失眠症而飽受折磨的人，可以躺在床上重複三到四次的流程；根據不同情況，有些人可能會需要十次以上。在放輕鬆重複來回的過程中，你能緩緩地進入甜美夢鄉，忘卻一整天下來的辛苦勞動。

唯有掌握保護自己的方法，才能變得堅強

新冠肺炎疫情持續中，許多人會來找我諮詢，有大學講座上的大學生、接受新進員工教育訓練的上班族、地方團體主辦的「對話法暨學生家長溝通講座」上的家庭主婦，以及在研修學院與相關機構接受教育訓練的公務員等等。雖然每個人的具體情況有所分歧，但傾訴內容往往大同小異，那就是──「我好累」。

因為人們對不可預知的未來產生了不安感和迷茫感，甚至還出現了「COVID-19 Blue」，也就是所謂的「新冠憂鬱症」；我也因為不能面對面授課，正在經歷一段艱困的時期；這時如果又經常接觸到負面新聞，自然會開始產生許多負面想法。此時，能幫助我們好好撐過今天、儲存能量讓明天可以充滿動力活下去的，正是心理學。

本書之所以說是「保護自己的心理學」，是因為書中所有的心理法則都集中在「自己」身上。每個人都有失敗的時候，也會因為錯誤的選擇而感到

後悔，以及經歷諸事不順的時期，甚至時常出現令人納悶「這事怎麼會這麼棘手」的狀況。這時，我們需要的，就是一段能夠回頭審視自我、思考未來的時間。

如同前文提到，如果你覺得很累的話，暫時停下來也沒關係，無須盲目地往前走；反之，汲汲營營地追求進步的話，那也無所謂。假如你已經疲憊不堪，那麼不妨試著從現在開始，讓所有條件都以「自己」為優先；「保護自己」這件事，應該要成為你的首要任務。

當然，即使掌握了心理法則，所有的煩惱也不會馬上獲得解決，憂鬱的心情也不會立刻消失。然而，只要掌握自身情緒產生的原因和解決方式，並努力嘗試緩解，相信必定會帶來莫大的幫助。

本書中各式各樣的案例，多數改編自過去演講後人們前來向我講述的煩惱，在此謹向願意相信我並吐露心聲的各位表達感激之情。此外，我也要對尊敬的母親、父親致上謝意，即使在惡劣的環境下，他們依然沒有失去勇氣與希望，願意給我支持。另外也要感謝我永遠的伴侶——我的丈夫，願意給我恆久不變的關愛與鼓勵。最後，我要謝謝我的教會主任牧師（前忠清年會柳永完長老），活出善良人生範本的他，讓我們看見了幫助弱勢族群的善良影響力。我也要感謝，在我疲憊不堪時依然在背後賦予我巨大力量的上帝。

最重要的，還是要向閱讀這本書的各位致上謝意，期許這本書能為大家帶來小小的慰藉以及解決方案。

吳秀香

參考資料

- 《日常心理圖解大百科：人際．工作．消費．健康．學習．群眾六大領域全解析》，李東龜著，林慧君譯，漢宇國際，二〇一七年
- 韓國心理學用語辭典，韓國心理學協會
  terms.naver.com/list.nhn?cid=41991&categoryId=41991
- 韓國心理學會
  www.koreanpsychology.or.kr
- 精神要健康，人生才會幸福，HIDOC執筆，大韓神經精神醫學會審訂
  terms.naver.com/list.nhn?cid=51011&categoryId=51011&so =st4.asc
- 國家健康資訊平台醫學資訊
  health.cdc.go.kr/health/Main.do

心理法則目錄（依首字筆畫排序）

國家圖書館出版品預行編目資料

你不必對抗全世界，為自己撐把保護傘就好：34個保護自己的心理法則，培養內在韌性，破除糾結小劇場／吳秀香著；李煥然譯. -- 初版. -- 臺北市：日月文化出版股份有限公司，2022.04，280面；14.7×21公分. --（大好時光；55）
譯自：나를 지키는 매일 심리학 : 무자비한 세상에서 단단한 방패막이 되는 34가지 심리 법칙
ISBN 978-626-7089-37-8（平裝）

1.自我肯定　2.自我實現

177.2　　111001831

大好時光 55

你不必對抗全世界，為自己撐把保護傘就好

34個保護自己的心理法則，培養內在韌性，破除糾結小劇場

나를 지키는 매일 심리학 : 무자비한 세상에서 단단한 방패막이 되는 34가지 심리 법칙

作　　者：吳秀香（오수향）
譯　　者：李煥然
主　　編：藍雅萍
校　　對：藍雅萍、謝美玲
封面設計：張巖
美術設計：林佩樺

發 行 人：洪祺祥
副總經理：洪偉傑
副總編輯：謝美玲
法律顧問：建大法律事務所
財務顧問：高威會計師事務所
出　　版：日月文化出版股份有限公司
製　　作：大好書屋
地　　址：台北市信義路三段151號8樓
電　　話：（02）2708-5509　傳　　真：（02）2708-6157
客服信箱：service@heliopolis.com.tw
網　　址：www.heliopolis.com.tw
郵撥帳號：19716071 日月文化出版股份有限公司

總 經 銷：聯合發行股份有限公司
電　　話：（02）2917-8022　傳　　真：（02）2915-7212
印　　刷：禾耕彩色印刷事業股份有限公司
初　　版：2022年04月
定　　價：350元
I S B N：978-626-7089-37-8

生命，因**閱讀**而**大好**